bela
transformação

BELLA FALCONI

CUIDE DO
SEU CORPO,
RENOVE SUA MENTE
**E ALIMENTE
SEU ESPÍRITO**

bela
transformação

© 2024 por Bella Falconi

1ª edição: agosto de 2024

Edição de texto: Daila Fanny
Revisão: Ana Maria Mendes
Diagramação: Sonia Peticov
Capa: Julio Carvalho
Fotos: Weber Pádua
Editor: Aldo Menezes
Coordenador de produção: Mauro Terrengui
Impressão e acabamento: Imprensa da Fé

As opiniões, interpretações e conceitos desta obra são de responsabilidade de quem a escreveu e não refletem necessariamente o ponto de vista da Hagnos.

Todos os direitos desta edição reservados à
EDITORA HAGNOS LTDA.
Rua Geraldo Flausino Gomes, 42, conj. 41
CEP 04575-060 — São Paulo, SP
Tel.: (11) 5990-3308

E-mail: hagnos@hagnos.com.br | Home page: www.hagnos.com.br

Editora associada à ABDR (Associação Brasileira de Direitos Reprográficos)

Dados Internacionais de Catalogação na Publicação (CIP)
Angélica Ilacqua CRB-8/7057

> Falconi, Bella
> Bela transformação: cuide do seu corpo, renove sua mente e alimente seu espírito / Bella Falconi. – São Paulo: Hagnos, 2024.
>
> ISBN 978-85-7742-540-2
>
> 1. Desenvolvimento pessoal 2. Saúde 3. Espiritualidade I. Título

24-2940 CDD 158.1

Índices para catálogo sistemático:
1. Desenvolvimento pessoal

Sumário

Introdução: Transformar-se é preciso 7

1 CORPO

1. A transformação do corpo 17
2. A nutrição do corpo 35
3. O movimento do corpo 55
4. O descanso do corpo 79
5. Conclusão: O corpo transformado 101

2 MENTE

6. A transformação da mente 107
7. A nutrição da mente 119
8. O movimento da mente 139
9. O descanso da mente 153
10. Conclusão: A mente transformada 167

3 ESPÍRITO

11. A transformação do espírito 173
12. A nutrição do espírito 183
13. O movimento do espírito 195
14. O descanso do espírito 211
15. Conclusão: O espírito transformado 227

Notas 231
Referências bibliográficas 234

Introdução:
TRANSFORMAR-SE É PRECISO

O que trouxe você aqui?
Geralmente essa é a pergunta que profissionais da saúde fazem quando recebem um paciente pela primeira vez. Sempre há uma história por trás da primeira visita. Pode ser a história de uma queixa, de um medo ou, quem sabe, de um sonho.

Eu acredito que quando abrimos um livro, também existe uma história que nos levou até ele. Por que escolhemos ler aquela obra? O que estamos procurando? O que queremos aprender e conhecer para, com isso, transformar nossa vida?

Se eu lhe perguntar como sua vida está hoje e o que trouxe você até aqui, qual seria sua resposta?

A Bíblia relata a experiência de um homem, o profeta Elias, que ouviu uma pergunta parecida, feita pelo próprio Deus: "O que você está fazendo aqui, Elias?" (1Reis 19:9,13). Naquele dia, o profeta não estava sentado em um consultório médico, nem deitado na cama, lendo um livro. Elias estava escondido em uma caverna, fugindo da rainha Jezabel, que jurou matá-lo em 24 horas.

A nação de Israel era governada pelo rei Acabe, marido de Jezabel. Ela havia importado a adoração a Baal, um deus pagão, para aquele povo que, antes, havia sido escolhido por Deus. De sua própria mesa, Jezabel alimentava 450 profetas de Baal, mas a nação, como um todo, passava fome por causa de uma seca que durava três anos e meio. O profeta Elias havia anunciado que a seca era um juízo de Deus à idolatria do povo.

Elias era muito zeloso do culto a Deus e confrontava tanto o povo como o rei pela apostasia, isso é, por terem abandonado a aliança com o Senhor. O auge do seu ministério aconteceu quando Elias convocou o rei e todo Israel para testemunharem um confronto espiritual entre 450 profetas de Baal, 400 profetas de Aserá (outra divindade pagã) e ele.

Você provavelmente conhece a história: Deus venceu o confronto, mostrando ser o verdadeiro Senhor de Israel. Os profetas de Baal foram mortos e, logo depois, caiu grande chuva sobre a terra (1Reis 18:20-46).

Assim que Jezabel ficou sabendo do acontecido, ela mandou uma mensagem para Elias: "Que os deuses me castiguem com todo o rigor, se amanhã nesta hora eu não fizer com a sua vida o que você fez com a deles" (1Reis 19:12).

Essa era a história de Elias quando Deus o encontrou na caverna e perguntou "O que trouxe você aqui?". Obviamente Deus sabia tudo o que tinha acontecido. Ele sempre sabe quais caminhos nos levaram para onde nos encontramos. Mas Ele faz a pergunta para provocar em Elias uma reflexão sobre suas crenças, sua missão e seu futuro. Essa conversa marcou um momento crucial na vida de Elias, um *turning point*. Ele saiu da caverna fortalecido por Deus e com instruções específicas para a segunda metade do seu ministério.

Acredito que as grandes transformações da nossa vida acontecem em momentos de confronto como esse que Elias viveu. A minha vida, particularmente, foi marcada por muitas rupturas.

Em todas elas, eu questionava a mim mesma: O que me trouxe aqui? E o mais importante: Para onde quero ir?

DE VOLTA AO BÁSICO

Elias não tinha muita ideia de para onde ir. Tanto que sua oração desesperada foi: "Já tive o bastante, SENHOR. Tira a minha vida; não sou melhor do que os meus antepassados" (1Reis 19:4). Sem uma instrução de Deus, sabe-se lá o que Elias teria feito com a vida dele.

Todos nós precisamos de orientação da parte de Deus para saber para onde devemos ir. Ele é o nosso Criador, foi Ele quem estabeleceu os caminhos que nos levarão à vida, e a uma vida próspera.

> "Porque sou eu que conheço os planos que tenho para vocês", diz o SENHOR, "planos de fazê-los prosperar e não de lhes causar dano, planos de dar-lhes esperança e um futuro" (Jeremias 29:11).

Esses são os planos eternos de Deus para nós. Desde que criou a humanidade, seu propósito era que desfrutássemos de vida abundante em sua presença. Deus não nos criou para a sobrevivência, mas para uma vida em excelência. Assim, quando fez a humanidade, o Senhor estabeleceu princípios básicos que regeriam a vida, além de uma diretriz moral que dizia o que era certo e errado. Nossos primeiros pais, Adão e Eva, desobedeceram à diretriz moral e, com isso, o caos se instalou novamente no mundo com o pecado. Tudo o que o Senhor havia criado, que era muito bom, foi se complicando e deturpando, sendo esquecido e modificado. O mesmo aconteceu com os princípios básicos de vida. Neste livro, gostaria de trazê-los de volta, pois considero que são essenciais para qualquer transformação. São eles:

1. Nutrição;
2. Movimento;
3. Descanso.

Esses três princípios estão presentes na criação. No relato bíblico do Gênesis, lemos o seguinte:

> Ora, o Senhor Deus tinha plantado um jardim no Éden, para os lados do leste, e ali colocou o homem que formara. Então o Senhor Deus fez nascer do solo todo tipo de árvores agradáveis aos olhos e boas para alimento.
> [...]
> O Senhor Deus colocou o homem no jardim do Éden para cuidar dele e cultivá-lo (Gênesis 2:8-9,15).

Deus criou um lugar adequado para o ser humano, e nesse espaço havia o alimento de que ele precisava (vindo das "árvores agradáveis aos olhos e boas para alimento"), e também o movimento, na forma de trabalho (cuidar do jardim e cultivá-lo).

Tendo concluído seu trabalho de Criador, Deus estabeleceu mais um princípio:

> No sétimo dia Deus já havia concluído a obra que realizara, e nesse dia descansou. Abençoou Deus o sétimo dia e o santificou, porque nele descansou de toda a obra que realizara na criação (Gênesis 2:2-3).

Observando essas três diretrizes — uma alimentação nutritiva, um movimento produtivo e um descanso sagrado — a humanidade experimentaria o melhor que a criação de Deus tinha a oferecer.

SIMPLICIDADE

Esses são os três princípios que vou abordar neste livro, aplicando cada um deles às três esferas básicas da nossa vida: corpo, mente e espírito.

Uma vida plena e transformada leva a um corpo saudável, uma mente sadia e um espírito em paz. Deus não nos fez fragmentados, mas íntegros. Uma transformação parcial, por exemplo, só do espírito, não dá conta de toda a nossa humanidade.

Eu acredito que, em tempos de excesso de informação, voltar ao básico é o melhor caminho. O excesso confunde, distrai e até mesmo alimenta as desculpas que inventamos para permanecer exatamente onde estamos.

Quando o Senhor abordou Elias na caverna, várias manifestações poderosas e espetaculares aconteceram do lado de fora.

Foram eventos magníficos que chamariam a atenção de qualquer pessoa. Mas o Senhor não estava em nenhuma delas. Ele evitou o excesso para falar com Elias. Ele se fez ouvir do meio de uma simples brisa:

> O Senhor lhe disse: "Saia e fique no monte, na presença do Senhor, pois o Senhor vai passar".
> Então veio um vento fortíssimo que separou os montes e esmigalhou as rochas diante do Senhor, mas o Senhor não estava no vento. Depois do vento houve um terremoto, mas o Senhor não estava no terremoto. Depois do terremoto houve um fogo, mas o Senhor não estava nele. E depois do fogo houve o murmúrio de uma brisa suave. Quando Elias ouviu, puxou a capa para cobrir o rosto, saiu e ficou à entrada da caverna. E uma voz lhe perguntou: "O que você está fazendo aqui, Elias?"
> (1Reis 19:11-13).

"

Uma pergunta simples. *O que você está fazendo aqui, leitor?*

CORPO

Corpore sano

(Corpo são)

1 A TRANSFORMAÇÃO DO CORPO

O valor do corpo físico

Como seria seu corpo se você pudesse transformá-lo?
Você já pensou nisso? O que seria diferente? Talvez questões estéticas: algumas medidas, postura, forma física... Quem sabe, mudanças internas: mais saúde, regeneração. Um pensamento mais integral talvez escolhesse nunca ficar doente, nunca envelhecer. Uma mente mais criativa poderia pensar em asas, supermúsculos ou pulmões que respiram embaixo d'água.

Ou, quem sabe, você simplesmente está satisfeito com seu corpo como ele está agora. E isso seria muito bom.

A verdade é que, a despeito do que você pensar, creio que dificilmente pensaria em existir *sem* um corpo. O corpo faz parte da experiência que é ser um humano. Não somos apenas corpo, mas não existimos fora dele. Não *temos* um corpo. *Somos* um corpo.

Apesar disso, há uma tendência de pensar que o corpo vale menos do que a alma. Esse é um grande erro. Se ambos foram criados por Deus, como um valeria menos que o outro?

A ideia de que o espírito é superior ao corpo não é bíblica nem é nova. Ela chegou até os dias de hoje por meio de um pensamento da Grécia Antiga chamado de *dualismo*, que dividiam o ser humano em uma parte física — o corpo — e uma parte imaterial — alma ou espírito. Para os gregos, "salvação" significava libertar o espiritual do que é material.[1]

Uma das escolas filosóficas mais antigas a fazer essa distinção foi a pitagórica (séculos 6-5 a.C.). Eles acreditavam que a alma era imortal e que o corpo era uma espécie de "prisão" da alma, impedindo o ser humano de alcançar ideais mais altos e nobres. Assim, para eles, o objetivo da vida humana era purificar a alma das impurezas do corpo, para que se tornasse mais sublime.

Cerca de dois séculos depois, Platão (c. 427-347 a.C.) refinou essa ideia. Para ele, o corpo não é capaz de perceber as coisas como elas realmente são, pois só acessa o mundo por meio de seus sentidos. Por exemplo, o corpo só consegue admirar uma flor reparando em suas formas, sentindo seu perfume ou tocando suas pétalas. Ele é incapaz de perceber e admirar a "essência" da flor. A alma, por outro lado, consegue alcançar essa essência, da flor e de todo o resto. Por isso, ela seria superior ao corpo. Ela conseguiria alcançar as coisas como realmente são, sem se prender aos detalhes que os sentidos notam. Assim, para Platão, o ser humano deveria se dedicar mais à filosofia e ao conhecimento para libertar sua alma dos prazeres transitórios do mundo físico.

Esse desprezo pelo corpo levou os gregos a dois extremos: o ascetismo ou o hedonismo.

Os praticantes do ascetismo se privavam de qualquer tipo de prazer físico — alimentos, bebidas, atividades sexuais, bens materiais e confortos físicos — com o objetivo de alcançar um estado de iluminação espiritual. Pensavam que qualquer cuidado com o corpo seria uma distração para alcançar seus objetivos espirituais. O ascetismo tem alguns princípios bons: ele ensina a

PARA COMPARTILHAR

> "Nenhuma transformação acontece por acaso. Ela requer planejamento, perseverança e dedicação."

disciplina e autorrenúncia, valores essenciais para quem deseja experimentar uma transformação. Nenhuma transformação acontece por acaso. Ela requer planejamento, perseverança e dedicação. Mas por outro lado, o ascetismo ignora as demandas físicas — dores, mal-estar, cansaço etc. —, porque pensar que cultivar um espírito mais "evoluído" é a prioridade da vida.

O hedonismo é o oposto. Essa filosofia está bastante ligada às ideias de Epicuro (341-270 a.C.), para quem a prioridade da vida era o prazer. "Prazer", para ele, significava ausência de dor física e a de perturbação espiritual. O ser humano, então, deveria valorizar tudo o que lhe afastasse dar dor e, obviamente, se afastar do que lhe causasse dor.

Se pensarmos bem, essa ideia é positiva. Se entendêssemos que algumas alegrias passageiras nos trarão muita dor no futuro, pensaríamos na nossa felicidade maior e evitaríamos determinados pensamentos, atitudes e até alimentos. Saber o que lhe fará bem e mal é essencial para uma transformação duradoura.

Por outro lado, o hedonismo se torna uma maneira anestesiada de viver no mundo, centrada apenas no eu e em sua própria satisfação. Dentro dessa visão de mundo, o corpo é apenas um meio para se chegar ao prazer. Assim, a pessoa cuidaria do corpo sem pensar em saúde e longevidade, mas para obter prazer por meio dele. É o caso, por exemplo, daquela pessoa que malha pesado para se permitir, mais tarde, uma refeição recheada de açúcar e gordura hidrogenada.

GREGOS MODERNOS

Muitos cristãos têm um pensamento que se aproxima da filosofia grega, e não da Bíblia. Há tanto cristãos "ascetas" como "hedonistas". De um lado, estão aqueles que jamais fizeram um check-up de saúde por pensarem que esse corpo é passageiro. Alguns até mesmo que maltratam o corpo, pensando que, com isso, estão agradando a Deus. Trabalham sem parar na igreja, negligenciando sua alimentação e seu descanso. Não é novidade, hoje em dia, encontrarmos muitos líderes de igreja com a síndrome de burnout, depressão, sem contar doenças físicas.

O apóstolo Paulo, escrevendo ao seu jovem discípulo Timóteo, diz entre várias palavras de orientação espiritual:

> Conserve-se puro. Não continue a beber somente água; tome também um pouco de vinho, por causa do seu estômago e das suas frequentes enfermidades (1Timóteo 5:22-23).

Naquele tempo, o vinho era considerado remédio. Hipócrates, conhecido como "pai da medicina", recomendava que se tomasse vinho para contrabalancear os efeitos nocivos da água que se bebia, pois ela não era tratada. Paulo, dessa forma, está orientando seu discípulo a fazer escolhas que preservem sua saúde.[2]

Por outro lado, existem os cristãos que não negam ao seu corpo certas fontes de prazer. De longe, a favorita é a comida. Não fumam, não bebem, não usam drogas, mas são viciados em açúcar e guiados pela compulsão alimentar. O apóstolo Paulo, novamente, em uma carta à igreja de Corinto, contou que seu ministério foi feito à custa de renúncias espirituais, mas também de autocontrole físico. Disse ele:

> Para com os fracos tornei-me fraco, para ganhar os fracos. Tornei-me

> tudo para com todos, para de alguma forma salvar alguns. Faço tudo isso por causa do evangelho, para ser coparticipante dele.
>
> Mas esmurro o meu corpo e faço dele meu escravo, para que, depois de ter pregado aos outros, eu mesmo não venha a ser (1Coríntios 9:22-23,27).

A Bíblia não apoia nem hedonismo nem ascetismo. Ela valoriza o corpo de uma forma que a cultura grega — e acredito que a nossa também — nunca valorizou. O corpo não deve ser negligenciado em favor do espírito nem deve ser mimado em todos os seus apetites. A importância de nosso corpo está no fato de ter sido criado por Deus e pertencer a Ele.

NÃO FOMOS CRIADOS PARA A MORTE

Deus criou o ser humano com suas próprias mãos, modelando o homem a partir do pó da terra, e a mulher a partir da costela do homem (Gênesis 2:7,22). Os salmos louvam a complexidade com que o corpo humano foi feito:

> Tu criaste o íntimo do meu ser
> e me teceste no ventre de minha mãe.
> Eu te louvo porque me fizeste
>   de modo especial e admirável.

PARA COMPARTILHAR

O corpo não deve ser negligenciado em favor do espírito nem deve ser mimado em todos os seus apetites. A importância de nosso corpo está no fato de ter sido criado por Deus e pertencer a Ele.

> Tuas obras são maravilhosas!
> Digo isso com convicção.
> Meus ossos não estavam escondidos de ti
> quando em secreto fui formado
> e entretecido como nas profundezas
> da terra.
> Os teus olhos viram o meu embrião;
> todos os dias determinados para mim
> foram escritos no teu livro
> antes de qualquer deles existir
> (Salmos 139:13-16).

Você não foi criado para viver sem um corpo. Adão e Eva eram dotados de corpos, e não apenas isso, mas de um corpo criado para a imortalidade.

As Escrituras nos ensinam que Deus é o único ser imortal (1Timóteo 6:16). No entanto, Ele concedeu o dom da imortalidade aos humanos quando os criou, desde que permanecêssemos em plena comunhão com Ele. O plano original era uma vida ininterrupta, não só para alma, mas também para o corpo.

Depois que a humanidade caiu como consequência da desobediência a Deus, a morte se tornou parte da experiência humana (Gênesis 3:23-24). Quando Adão e Eva desobedeceram a Deus, o Senhor bloqueou o acesso à Árvore da Vida, para que não acontecesse de eles comerem o fruto e, assim, viverem para sempre afastados de Deus (Gênesis 3:22). Foi então que a morte física passou a existir.

Nosso corpo irá envelhecer, adoecer, sofrer e morrer. Essa separação temporária que ocorre entre a alma e o corpo humano na morte é uma das muitas separações que o pecado trouxe ao mundo. Mas lá no fundo do nosso ser permaneceu uma saudade, um anseio pela eternidade para a qual fomos criados:

> [Deus] fez tudo apropriado ao seu tempo. Também pôs no coração do homem o anseio pela eternidade; mesmo assim ele não consegue compreender inteiramente o que Deus fez (Eclesiastes 3:11).

DE VOLTA À VIDA ETERNA

A maior demonstração do valor do corpo humano está na encarnação de Jesus. Nas palavras do evangelista João: "Aquele que é a Palavra tornou-se carne e viveu entre nós" (João 1:14). Ao fazer isso, Jesus não apenas resgatou nossa alma da morte, mas também o nosso corpo.

Quando ressuscitou, Jesus voltou dos mortos também em corpo humano. Ele foi visto e tocado por seus discípulos. A Bíblia diz que os seguidores de Jesus, da mesma forma, ressuscitarão com um corpo novo. Não seremos almas "livres", como os gregos pensavam. O ser humano só existe possuindo uma alma dentro de um corpo físico.

Quando o apóstolo Paulo pregou na grande cidade de Atenas, o centro de todo o pensamento grego, ele foi interrompido quando tocou no assunto da ressurreição. Os gregos rejeitavam a possibilidade de uma pessoa ressuscitar porque, segundo criam, o objetivo do ser humano era ser apenas espiritual.

Mas Deus não nos criou como seres apenas espirituais. E nossa salvação não acontece, como pensavam os gregos, quando a alma, ou espírito, finalmente se "descola" do corpo. Nossa salvação será integral: alma, mente e espírito.

Paulo explicou a continuidade do corpo em uma carta à igreja de Corinto, uma cidade perto de Atenas e bastante influenciada pelas filosofias gregas. Ele fala da ressurreição usando, como analogia, o ciclo de uma semente:

> Quando você semeia, não semeia o corpo que virá a ser, mas apenas uma simples semente, como de trigo ou de alguma outra coisa. [...]
> Assim será com a ressurreição dos mortos. O corpo que é semeado é perecível e ressuscita imperecível; é semeado em desonra e ressuscita em glória; é semeado em fraqueza e ressuscita em poder; é semeado um corpo natural e ressuscita um corpo espiritual (1Coríntios 15:37,42-44).

Paulo está ensinando que se você planta um caroço de manga, não espere que, dele, nasça um abacateiro. Ainda que o caroço não tenha "cara" de mangueira, o que vai brotar dele é da mesma natureza do caroço. Há uma continuidade entre o caroço e a árvore.

Da mesma forma, há continuidade entre nosso corpo atual e o que ressuscitará. Ele não será igual, assim como o caroço da manga não é a mangueira, mas ele preservará a nossa identidade. Ele será espiritual no sentido de se voltar para as coisas de Deus,

PARA COMPARTILHAR

A certeza de passar pela morte física não me dá o direito de degradar meu corpo ou de pensar que ele vale menos do que minha alma.

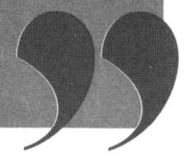

que é Espírito, e não mais para os desejos da carne.[3] Mas não deixará de ser um corpo humano, como era o de Jesus ressurreto.

A certeza de passar pela morte física não me dá o direito de degradar meu corpo ou de pensar que ele vale menos do que minha alma. Quando a Bíblia fala sobre de "desejos da carne", está se referindo à natureza pecaminosa com a qual todo ser humano nasce, mas que é transformada pelo Espírito de Deus na obra da regeneração. Da mesma forma que a alma é regenerada com a conversão, o corpo será regenerado na segunda vida de Cristo, e voltaremos a ser completos, prontos para viver o estado de perfeição e imortalidade para o qual Deus nos criou.

CUIDAR DO QUE PERTENCE A DEUS

Se fomos salvos por Jesus, nosso corpo não mais nos pertence. Paulo diz que fomos "comprados por alto preço" (1Coríntios 6:20), e o apóstolo Pedro diz que esse preço não foi pago em prata nem em ouro, "mas pelo precioso sangue de Cristo, como de um cordeiro sem mancha e sem defeito" (1Pedro 1:18-19). Todo o nosso ser — espírito, mente e corpo — foi comprado por Jesus e pertence a Ele. Não apenas porque nos adquiriu, mas porque em nosso corpo, Ele mesmo habita.

> Acaso não sabem que o corpo de vocês é santuário do Espírito Santo que habita em vocês, que lhes foi dado por Deus, e que vocês não são de si mesmos? Vocês foram comprados por alto preço. Portanto, glorifiquem a Deus com o seu próprio corpo (1Corítnios 6:19-20).

> Pois somos santuário do Deus vivo.
> Como disse Deus:
> "Habitarei com eles
> e entre eles andarei;
> serei o seu Deus,
> e eles serão o meu povo"
> (2Coríntios 6:16).

Pensando nisso, devemos ser bons mordomos e tratar nosso próprio corpo com respeito e honra, como uma forma de glorificar a Deus e sermos gratos pelo sacrifício de Jesus por nós.

Mordomo é uma pessoa responsável pela administração e cuidado dos recursos de outra pessoa. Embora tenha liberdade para administrar esses recursos, ele não faz o que quer, mas age no melhor interesse do proprietário.

Jesus conta várias parábolas que mencionam mordomos e proprietários: a parábola dos talentos (Mateus 25:14-30) e das minas (Lucas 19:11-27) falam de um homem que vai viajar e coloca seus bens ao cuidado dos servos, para administrá-los na sua ausência. Na parábola do administrador (Lucas 12:42-48), Jesus contrasta a atitude de um administrador fiel e sensato, que faz o que seu senhor espera, com a atitude de um administrador negligente. Jesus garante que, quanto ao primeiro tipo, seu senhor "o encarregará de todos os seus bens" (v. 44). Mas quanto segundo, o patrão "o punirá severamente e lhe dará um lugar com os infiéis" (v. 46).

O princípio da mordomia cristã diz que tudo o que temos nos foi confiado por Deus e deve ser usado de maneira responsável e fiel, em acordo com os propósitos divinos. Isso inclui a gestão de recursos financeiros, o cuidado com o meio ambiente, o uso do tempo e dons, obviamente, a gestão, o cuidado e o uso que fazemos de nosso corpo.

No fim da parábola dos dois administradores, Jesus diz:

> A quem muito foi dado, muito será exigido; e a quem muito foi confiado, muito mais será pedido (Lucas 12:48).

Vivemos em um tempo privilegiado no que diz respeito ao conhecimento sobre saúde e cuidado com o corpo. A ciência tem avançado ininterruptamente, e hoje entendemos melhor o impacto dos alimentos e dos exercícios em nosso corpo, além das complexas relações entre dieta, saúde e doenças. Essas pesquisas não só ampliaram nosso conhecimento como também vêm desafiando crenças antigas e muitas vezes errôneas.

Com a internet, essa informação não fica restrita a centros acadêmicos, mas está a poucos cliques de distância. Cabe a nós aproveitar essa riqueza de conhecimento para fazer escolhas que, além de promoverem saúde, façam de nós bons mordomos do grande tesouro que Deus nos confiou.

Eu nem sempre soube administrar com sabedoria o corpo que Deus me deu. Durante um tempo, eu fui "ascética" e negligenciei o cuidado com minha saúde, focada apenas na minha produtividade mental. Como resultado, acumulei gordura no fígado, apesar dos meus 49 quilos.

Fiquei assustada. Estudei bastante sobre alimentação e exercícios e fui cuidar de mim. Nos primeiros meses de treino vi muita evolução no meu corpo. Parte disso talvez fosse por causa de uma genética favorável, mas boa parte era resultado da dedicação aos treinos diários e à boa alimentação. Em pouco tempo, adquiri um físico de atleta. As pessoas que conviviam comigo me incentivavam a competir em campeonatos de fisiculturismo. Eu não queria, porque não estava cuidando de mim para uma competição, mas por mim mesma.

Mas de tanto as pessoas falarem que eu tinha de ter aquela experiência pelo menos uma vez, e por eu estar me tornando conhecida nas redes sociais, pensei que a competição seria útil para me projetar, um conteúdo diferenciado a oferecer. Com isso, eu motivaria pessoas, entraria num nicho diferente e abriria portas para novos patrocinadores. Então me inscrevi.

Eu tinha um treinador técnico que me acompanhou no preparo para a competição. Alguns meses antes do campeonato, adotei uma dieta mais restritiva para sair dos 11% de gordura corporal e chegar na marca de 7%. Quer dizer, eu já estava muito magra, mas tinha que secar ainda mais. Em meio à privação que eu coloquei para mim mesma, comecei a me indagar se aquilo ali era ser saudável. Até então, eu seguia uma alimentação balanceada. O que eu havia conquistado, em termos de estética e saúde física, viera a custo de muito esforço, mas como resultado natural de um investimento equilibrado. Aquela restrição toda a que eu submetia meu corpo — e, com ele, minha mente e meu espírito — não me parecia muito saudável. Mas, enfim, como eu havia estabelecido essa meta, e tinha divulgado que iria competir, fui até o fim.

No dia anterior à competição, como era de praxe entre os competidores, parei de ingerir água e tomava apenas diurético. O objetivo era fazer a pele colar no músculo e alcançar um visual totalmente seco — um absurdo, que passa bem longe do bom cuidado com a saúde. Meu corpo entrou em um estado de privação tão grande que passei mal.

Eu estava no banheiro do quarto do hotel quando desmaiei. Tive o reflexo de esticar o braço para fora da porta, para minha mãe ver que eu estava no chão. Ela correu para me acudir e, quando recuperei a consciência, ela me pediu para não competir de jeito nenhum. "Pelo amor de Deus", ela falava "para com isso".

Era tarde para desistir, de forma que competi e ganhei. No ano seguinte, 2014, competi uma segunda vez, e então parei.

Deixei o fisiculturismo por várias questões: eu havia me tornado mãe e queria me dedicar à maternidade; o fisiculturismo requer muito tempo e dedicação. Além disso, um juiz da segunda competição me disse que eu tinha muito potencial, mas que eu precisava aumentar a massa muscular e, para isso, teria que tomar "alguma coisa". Eu jamais usei qualquer tipo de anabolizante, e me recusei a fazer isso por causa de uma competição.

Hoje, tenho total consciência de que esse estilo de vida não é saudável nem sustentável. Talvez alguém considere o corpo do fisiculturista como um exemplo de saúde, mas não imaginam a privação que está por trás. Mais do que isso: esse físico se torna uma obsessão, de modo que o corpo se torna um ídolo e objeto de culto. A palavra *fisiculturismo* vem da junção de dois radicais: "fisi", do grego *phúsis*, que deu origem a "físico", no sentido de "corpo"; e "culturismo", que vem do latim *cultum* e deu origem tanto a "cuidar" como a "cultuar". Há um limite muito tênue entre "cuidado" e "culto". Creio que o que nos impede de transformar o cuidado com o corpo em um culto ao corpo é quando fazemos dele um meio de culto a Deus, e não a si mesmo.

DEVOLVENDO O QUE PERTENCE AO CRIADOR

O apóstolo Paulo ensina que o culto a Deus nada mais é que a entrega e dedicação voluntária de nosso corpo a Ele:

> Rogo-vos, pois, irmãos, pelas misericórdias de Deus, que apresenteis o vosso corpo por sacrifício vivo, santo e agradável a Deus, que é o vosso culto racional (Romanos 12:1).

O corpo resgatado por Cristo agora se consagra a Ele. Antes, era usado para a prática do pecado, mas agora, ele se oferece vivo — saudável! — para a glória de Deus. O pastor e teólogo John Stott, comentando esse texto de Romanos, diz:

> Ainda hoje certos cristãos veem o corpo com certo constrangimento. Tradicionalmente, quando se faz um apelo nas igrejas evangélicas, é para que demos nossos "corações" a Deus, não nossos "corpos". [...] Paulo, no entanto, deixa claro que a apresentação de nossos corpos é um ato espiritual de adoração da nossa parte. É um paradoxo cristão muito significativo. Nenhum culto é agradável a Deus quando é puramente interior, abstrato e místico; nossa adoração deve expressar-se em atos concretos de serviço manifestados em nosso corpo.[4]

Nós adoramos a Deus em espírito, porque Ele é espírito, como ensinou Jesus (João 4:24). Mas nosso espírito reside em nosso corpo, de modo que nosso serviço a Deus é integral: corpo, mente e espírito.

É urgente que olhemos para nosso corpo como uma criação sublime e especial, propriedade de Deus, morada do Espírito Santo e meio pelo qual todo o nosso ser glorifica o Criador. Portanto, nos resta cuidar, de forma muito especial, da dádiva que nos foi concedida. Por meio desse cuidado intencional, considerando os três princípios criacionais — nutrição, cuidado e descanso — é possível experimentar uma transformação profunda e duradora em nossa vida, passando pelo corpo que somos nós.

Ainda que sua salvação não dependa da forma com que você cuida de seu corpo, sua saúde física depende, e muito. Quanto mais saúde possuir, mais vigor terá para glorificar a Deus. E qual é o propósito da existência, se não adorar a Deus e encontrar nele o verdadeiro prazer?

PENSE COMIGO

1. Você tem dado valor ao seu corpo? De que forma você tem cuidado dele ou negligenciado o cuidado com ele?

2. Como estão os seus hábitos de saúde? Eles têm glorificado a Deus?

3. Você sente que poderia servir melhor a Deus ou ao próximo se estivesse mais saudável? O que você faria?

2 A NUTRIÇÃO DO CORPO

Edificando um corpo saudável

Com o que você tem nutrido seu corpo?
É interessante que há muitas comidas, mas nem todas nutrem. Comer, matar a fome, alimentar-se e nutrir-se são atividades que, olhando de fora, são iguaizinhas. Mas há diferença de intenção e de conteúdo. A intenção da pessoa e o conteúdo do prato.

Eu sempre digo que nutrição não é assunto de nutricionista. Nutrição é para todos. Na minha opinião, deveria ser matéria básica na escola, assim como é matemática, português e geografia. Da mesma forma que lidamos com números todos os dias e usamos o português todos os dias, nós nos alimentamos todos os dias. Mas nem tudo o que comemos, realmente, irá nutrir nosso corpo.

A palavra *nutrir* vem do verbo latim *nutrire* que significava "dar de mamar". Ou seja, tem a ver com o primeiro alimento do ser humano, o leite materno. Não precisamos fazer muitas pesquisas para saber que o leite materno não é apenas uma "comidinha" de bebê. Ele é importantíssimo para o crescimento e o desenvolvimento do bebê. O leite materno possui a combinação ideal de nutrientes para o recém-nascido, sua mistura de gorduras, proteínas, açúcares e água é essencial para desenvolver o cérebro e do corpo do bebê, e o primeiro leite que a mãe produz após o parto, conhecido como *colostro*, é particularmente rico em proteínas e anticorpos, sendo vital para fortalecer o sistema imunológico do bebê. O leite contém anticorpos e outras substâncias imunológicas que ajudam a proteger o bebê contra infecções e doenças. Bebês alimentados com leite materno têm menor risco de desenvolver infecções respiratórias, gastrointestinais, otite média e até mesmo doenças crônicas mais tarde na vida, como diabetes tipo 2 e obesidade.

À medida que a criança cresce, a composição do leite da mãe se ajusta às necessidades do filho. Uma criança que foi amamentada tem menos chance de desenvolver, no futuro, hipertensão, colesterol alto, asma e alergias.

Quando pensamos em aleitamento materno, pensamos em saúde, em sustentabilidade, em afeto, em prevenção de doenças. Tudo o que está envolvido no conceito de nutrição.

Mas aí a gente cresce, e nutrir-se acaba virando um mero "comer", "forrar o estômago", "encher a pança" e coisas do tipo. Talvez apenas quando nos deparamos com uma questão de saúde, como foi o meu caso, é que nosso cérebro dá um estalo e começamos a considerar se o que colocamos no nosso prato é nutritivo ou apelativo, se é saudável ou se é só para afastar a sensação de fome.

O QUE É UMA COMIDA SAUDÁVEL?

Ao longo dos anos, o conceito de "alimentação saudável" sofreu muitas transformações. Vários alimentos que já foram considerados vilões, como o ovo, por exemplo, hoje são tidos como benéficos.

Antigamente, o teste para saber se um alimento é saudável era empírico: diziam que certo alimento fazia bem ou mal segundo o efeito que ele causava no corpo das pessoas. Mas com o desenvolvimento da ciência e das pesquisas feitas nos últimos anos, esse parâmetro se transformou.

A própria ideia de "saudável" sofreu mudanças com o passar do tempo, acompanhando a evolução das normas culturais, sociais e médicas de cada época. Até o século 19, o que tinha valor eram corpos mais cheios. A corpulência era sinal de acesso a alimentos nutritivos e a uma vida de conforto — ou seja, indicava saúde, riqueza e status social. Da mesma forma, a pele mais pálida era mais valorizada que a bronzeada, pois pele queimada de sol era associada ao trabalho ao ar livre e às classes sociais mais baixas que realizavam esse tipo de trabalho.

Foi no século 20 que a atividade física e o esporte começaram a influenciar a maneira de as pessoas pensarem sobre saúde. A pele bronzeada ainda era conectada ao ar livre, mas se tornava sinônimo de um estilo de vida ativo. Ser saudável, então, passou a significar bem-estar físico e mental, além da ausência de doenças.

A ideia de "alimentos saudáveis" também passou por mudanças. Até o Renascimento, a grande "tendência" na área da saúde era a teoria dos quatro humores. Esse é um conceito antigo baseado nos ensinamentos do grego Hipócrates (c. 460-370 a.C.) e desenvolvida pelo romano Galeno (c. 129-200 d.C.). Segundo essa teoria, a saúde e o temperamento humanos eram determinados pelo equilíbrio de quatro fluidos, ou "humores": sangue, fleuma, bile amarela e bile negra. Diferentes combinações de humores produziam diversas personalidades: sanguínea, fleumática, colérica e melancólica. Os alimentos também eram categorizados por suas respectivas propriedades — quentes, frios, secos e úmidos. A alimentação equilibrada visava consumir os alimentos que mantivessem a harmonia dos quatro humores no corpo.

Elementos como "proteínas", "carboidratos", "gorduras" e "vitaminas" começaram a ser identificados apenas no século 19. A relação desses nutrientes com doenças, causando ou prevenindo-as, gerou uma compreensão melhor do que seria uma dieta balanceada.

Desse período em diante, com a evolução ininterrupta da ciência, temos conhecimento cada vez maior da função que os diversos nutrientes exercem em nosso corpo, além de ser possível mensurar a quantidade de cada um nos mais diversos alimentos. Esses avanços, somados ao fácil acesso à informação que a internet oferece, fazem da geração atual a mais privilegiada em termos de conhecer o que é uma alimentação saudável.

ALIMENTAÇÃO SAUDÁVEL NO ÉDEN

Ainda que hoje exista muito debate sobre o que é saudável e o que não é, Deus não criou nosso corpo e os alimentos para viverem em pé de guerra. O Deus que criou nosso corpo também é o Deus que criou nosso alimento, e ambos existem em harmonia.

Jesus disse que o Pai sabe do que precisamos (Mateus 6:33). Embora esse versículo esteja em um contexto que fala sobre as preocupações da vida e o cuidado de Deus, ele também afirma que Deus sabe do que precisamos porque foi Ele quem nos criou. Assim, fez o mundo compatível às nossas necessidades de alimentação e satisfação.

Quando Deus criou o ser humano, havia estabelecido na terra os recursos necessários para ele viver em plenitude. É por isso que o homem foi feito apenas no sexto dia; sem a luz do sol, sem as árvores e os vegetais, ele não teria como sobreviver. As Escrituras dizem que "tudo o que Deus criou é bom" (Timóteo 4:4). Não é sem motivos que os alimentos vindos da natureza nutrem perfeitamente o corpo.

No entanto, com a Queda, até a alimentação sofreu. Aliás, podemos dizer que a Queda começou com uma escolha alimentar errada: optaram pelo único fruto que não era permitido comer. Desde então, parece que se tornou difícil desejar e comer o que nos faz bem, em vez de procurar o que causa morte.

Penso que um dos efeitos do pecado é complicar as coisas. Deus foi simples e direto quando disse:

> Coma livremente de qualquer árvore do jardim, mas não coma da árvore do conhecimento do bem e do mal, porque no dia em que dela comer, certamente você morrerá (Gênesis 2:16-17).

Mas nas palavras da serpente, o que era reto ficou distorcido:

> Certamente não morrerão! Deus sabe que, no dia em que dele comerem, seus olhos se abrirão, e vocês, como Deus, serão conhecedores do bem e do mal (Gênesis 3:4-5).

Você sabe do que eu estou falando. Quantas vezes, para não responder a verdade diante de uma pergunta simples, fazemos a maior volta com as palavras? Quantas explicações nós inventamos para justificar algo que é simplesmente uma preguiça?

Em termos de alimentação, quantas dificuldades colocamos para preparar um brócolis em vez de pedir um lanche hipercalórico pelo aplicativo?

Em termos de nutrição, tenho visto uma oferta enorme de metodologias para ganhar massa e perder peso em poucos passos. Mas penso que essas soluções "incríveis" (no sentido de que não se pode crer nelas) afastam as pessoas dos hábitos simples e essenciais que envolvem a alimentação. Vejo gente completamente obcecada pela dieta do sol, da lua, do mar, das estrelas, do verão, da sopa, se esquecendo de que o básico sempre deu bons resultados.

Creio, portanto, que a transformação de nosso corpo físico envolve voltar ao básico, ou seja, aos alimentos que Deus fez, perfeitamente compatíveis com nosso corpo, perfeitamente adequados à nossa saúde. Desse modo, é seguro dizer que alimentação saudável possui as seguintes características:

- inclui a maior quantidade e diversidade de produtos naturais;
- engloba os principais nutrientes de que o corpo precisa;
- possui uma quantidade de calorias adequada para o metabolismo e para as necessidades energéticas diárias.

A ciência continua a desvendar os complexos mecanismos pelos quais os nutrientes dos alimentos interagem com nosso corpo. Esse conhecimento não deixa de ser um testemunho da sabedoria e do cuidado de Deus em toda a criação. Ele desenhou um sistema perfeito, no qual cada elemento possui seu propósito e contribui para o todo. A diversidade de frutas, grãos, legumes e verduras saudáveis existentes não é apenas testemunha a generosidade de Deus na criação, como reflete sua sabedoria. Assim, ao escolher os alimentos que Deus preparou para nosso sustento,

PARA COMPARTILHAR

> Creio, portanto, que a transformação de nosso corpo físico envolve voltar ao básico, ou seja, aos alimentos que Deus fez perfeitamente compatíveis com nosso corpo, perfeitamente adequados à nossa saúde.

nossa satisfação e nossa saúde, estamos nos alinhando ao plano original e reconhecendo a provisão divina.

COMIDA BOA EM TEMPOS RUINS

Quando unimos a vida espiritual à vida material, chegamos à verdade crucial de que todos aos princípios de que precisamos para viver melhor, incluindo na área da alimentação foram revelados por Deus através das Escrituras.

Mas será que é realmente possível ter uma alimentação saudável em uma era em que a oferta de comida tóxicas cresce a cada dia?

Há uma história fascinante no livro de Daniel, no Antigo Testamento. Daniel vivia em Jerusalém, capital do reino de Judá, quando Nabucodonosor II, rei da Babilônia, conquistou a cidade, em 597 a.C. Essa conquista levou à deportação de membros da nobreza e da elite intelectual e artesanal de Judá para a Babilônia. Daniel era de linhagem nobre, e foi deportado. Como os demais jovens levados para a Babilônia, Daniel era bonito, saudável e inteligente. Mas diferentemente de alguns, ele era temente a Deus.

Esses jovens haviam sido escolhidos a dedo para receberem educação babilônica. Essa era uma estratégia de Nabucodonosor para controlar os povos conquistados, incutindo sua cultura e visão de mundo na nova geração. A educação que os jovens receberiam incluía mudanças alimentares:

> De sua própria mesa, o rei designou-lhes uma porção diária de comida e de vinho. Eles receberiam um treinamento durante três anos, e depois disso passariam a servir o rei (Daniel 1:5).

Por seu temor a Deus, Daniel "decidiu não se tornar impuro com a comida e com o vinho do rei" e pediu, ao chefe dos oficiais, permissão para comer apenas aquilo que era compatível com a lei de Deus. Essa lei tinha preceitos religiosos, éticos e sociais, e foi dada por Deus ao povo de Israel quando ainda eram nômades no deserto. Embora esses mandamentos tivessem o objetivo maior de santificar a vida do povo, parte deles funcionava como "código sanitário". Incluíam regras sobre o que comer ou não comer, e também a forma de preparar os alimentos, a fim de evitar doenças, contaminação e infecção. Séculos depois de o povo deixar o deserto e se estabelecer em Canaã, essas regras eram guardadas por todo judeu zeloso da lei.

Daniel sabia que a comida servida pelos babilônios não era feita de acordo com essas regras. Além disso, era muito possível que os alimentos tivessem sido previamente oferecidos em sacrifícios a ídolos. Se Daniel comesse tais alimentos, seria como se estivesse participando da idolatria. Por isso ele escolheu não comer aquilo.

O chefe dos oficiais ouviu o pedido de Daniel com simpatia, mas teve medo de que a dieta mais simples deixasse o jovem menos saudável. Então Daniel propôs um teste:

> Peço-lhe que faça uma experiência com os seus servos durante dez dias: Não nos dê nada além de vegetais para comer e água para beber. Depois compare a nossa aparência com a dos jovens que comem a comida do rei, e trate os seus servos de acordo com o que você concluir (Daniel 1:12-13).

Você já deve conhecer o fim da história: dez dias depois, a dieta que Daniel e seus amigos seguiram os deixou mais fortes e mais saudáveis a tal ponto que o encarregado alterou também a dieta dos outros jovens, tirando deles a comida especial e o vinho, e dando-lhes apenas vegetais.

Essa história é simplesmente fascinante. Estamos falando de um fato que aconteceu quando não se tinha o menor conhecimento científico sobre genética, macro e micronutrientes, metabolismo e tantas outras coisas. O que se sabia, porém, era que aquilo que alguém come reflete na aparência, na qualidade de vida e no estado de espírito e mente.

SABER ESCOLHER

Quando falo em vida saudável, não me refiro ao peso ideal, mas à nossa existência como um todo. Saúde física não se resume ao peso, mas inclui o consumo dos nutrientes essenciais para o funcionamento pleno de nosso organismo.

Não é nenhuma novidade que muitos alimentos industrializados ocasionam doenças ou condições de saúde que levam à morte. Problemas como obesidade, doenças cardíacas e diabetes têm sido, cada vez mais, associados ao consumo excessivo desses produtos processados.

A obesidade é uma questão preocupante. Ela é associada a condições crônicas como câncer, diabetes, doenças cardiovasculares e hipertensão; e a perspectiva é de que, em 2035, essa será a condição de metade da população global se não forem feitos esforços significativos para prevenir e tratar a obesidade.[5]

Atualmente, no Brasil, 60% dos adultos têm excesso de peso (sobrepeso e obesidade). O aumento da obesidade em escala nacional tem causado muito impacto no sistema de saúde.

Um estudo realizado em 2019 mostrou que dos R$ 6 bilhões utilizados no tratamento de doenças crônicas, aproximadamente 22% (R$ 1,5 bilhão) foram empregados em questões de saúde relacionadas ao excesso de peso e à obesidade.[6] Uma sociedade mais doente por causa de alimentação vai levar a hospitais mais cheios, maior consumo de remédios e possivelmente a uma sobrecarga no sistema de saúde como um todo.

Ainda que haja fatores genéticos, a obesidade está largamente associada ao consumo, cada vez mais generalizado, de alimentos industrializados e ultraprocessados.

Os alimentos industrializados são aqueles que sofrem alguma manipulação para serem vendidos ao público. De forma geral, estamos tão acostumados a colocar certos produtos no carrinho de compras, como queijo, leite condensado, margarina, milho em conserva e legumes congelados, que nem mais percebemos que esses são alimentos industrializados. Achamos até que alguns deles são "naturais".

Já os alimentos ultraprocessados são feitos com ingredientes refinados, acrescidos de conservantes, corantes, aromatizantes e outras substâncias químicas que têm o objetivo de aumentar a durabilidade e melhorar o sabor ou a aparência do produto. Eles geralmente possuem baixa qualidade nutricional e alta densidade energética. Alguns exemplos de ultraprocessados são refrigerantes, embutidos (como salsicha e presunto), bolos e biscoitos embalados.

Esses pseudoalimentos se difundiram mundo afora especialmente após a Segunda Guerra, quando as pessoas buscavam soluções mais convenientes para se alimentarem. Para torná-los apelativos, a indústria alimentícia caprichava nas embalagens e adicionava conservantes, corantes e saborizantes artificiais para melhorar a aparência, o sabor e a vida útil dos produtos.

Desde então, a humanidade tem se intoxicado com açúcar, corantes artificiais, conservante, glutamato monossódico, gordura hidrogenada, transgênicos, agrotóxicos e tantos outros aditivos tóxicos impróprios para o consumo humano.

Essa oferta de produtos mais convenientes e apelativos ao nosso paladar vai mudando, pouco a pouco, nossos hábitos alimentares. A praticidade toma o lugar de uma refeição feita com alimentos frescos. Segundo o Censo de 2010, entre 1974 e 2009, o consumo de arroz e feijão, a "base" da alimentação do brasileiro, caiu 60% (para o arroz) e 49% (para o feijão). Em "compensação", o consumo de guaraná aumentou quase cinco vezes; enquanto o de iogurte industrializado cresceu mais de sete vezes.[7]

Como venho repetindo, se alimentar de forma saudável é uma questão de escolha. Não existe a possibilidade de você começar a comer bem "por acaso". Da mesma forma, não seguimos em uma dieta destrutiva ingenuamente. O que compramos, no mercado ou no aplicativo, e consumimos é resultado de uma escolha nossa.

Escolher faz parte da vida humana. No Éden, Adão e Eva deveriam escolher a obediência, não comendo do fruto que Deus havia proibido. Muitos séculos depois, Deus deu ao seu povo novamente a chance de escolherem:

> Hoje invoco os céus e a terra como testemunhas contra vocês, de que coloquei diante de vocês a vida e a morte, a bênção e a maldição. Agora escolham a vida, para que vocês e os seus filhos vivam, e para que vocês amem o SENHOR, o seu Deus, ouçam a sua voz e se apeguem firmemente a ele. Pois o

> Senhor é a sua vida, e ele lhes dará muitos anos na terra que jurou dar aos seus antepassados, Abraão, Isaque e Jacó (Deuteronômio 30:19-20).

Escolher a vida envolve viver de acordo com a sabedoria de Deus. A Bíblia ensina que "O temor do Senhor é o princípio da sabedoria" e que "todos os que cumprem os seus preceitos revelam bom senso" (Salmos 111:10). Ela também diz que Jesus é a sabedoria de Deus em pessoa (1Coríntios 1:24). Dessa forma, quando optamos por nos alimentar segundo os valores divinos, estamos escolhendo a vida.

Não estou dizendo para voltarmos às regras alimentares do povo de Israel, deixando de comer determinadas carnes, ou não misturando certos alimentos. Creio que essas restrições cumpriam um aspecto sanitário dentro da realidade em que o povo vivia. Para mim, se alimentar segundo os valores divinos é priorizar os alimentos que Deus criou para suprir nossa fome e nossas carências nutricionais, sem comer em demasia nem esbanjar. Isso é se alimentar com sabedoria.

Boa alimentação também não tem qualquer relação com dietas milagrosas que prometem emagrecer as pessoas em poucos dias, como num passe de mágica. Existem tantas dietas promissoras e mirabolantes nas redes sociais, na internet e na televisão que as pessoas acabam se sentindo mais perdidas do que amparadas. Comer bem é um processo de escolhas feitas diariamente: o que, como e quando comer, pensando em uma relação mais saudável e equilibrada com a comida. Em vez de se render a restrições rigorosas ou seguir dietas da moda que prometem resultados rápidos, seguir uma reeducação alimentar é a melhor opção, pois ela incentiva a adoção de hábitos alimentares que se sustentam em longo prazo. Isso envolve escolher alimentos que nutrem o corpo, proporcionam energia e suportam o bem-estar geral.

Consciência, intenção e presença fazem toda diferença na busca por novos hábitos. Você precisa ter consciência do que quer mudar e por quê. Você precisa ter intenção para que seus atos sejam compatíveis com suas metas. E, por fim, precisa estar presente em todas as suas escolhas, o que significa que não irá desistir no meio do processo nem andar no piloto automático.

Como a decisão precisa ser radical para ter efeito de vida, estabeleça metas e prazos realistas, para que você não se desanime. Eu, por exemplo, percebi que meu maior vilão era o açúcar refinado/adicionado. Comecei por ele: fiquei uma semana sem açúcar. Na semana seguinte, eliminei outro ingrediente maléfico. Fui fazendo assim, um vilão de cada vez. Dessa forma, me adaptei gradualmente aos novos hábitos que eu queria para mim.

Eliminar um alimento *não* é se permitir comer de vez em quando. Eliminar é nunca mais comprar e nunca mais comer. Foi o que Daniel fez com a comida dos babilônios: não permitiu que nada daquilo o contaminasse.

Acredito que, para alimentos maléficos, como os ultraprocessados e muitos industrializados, não existe o fator "equilíbrio". Eles simplesmente não deveriam ser consumidos. Perceba a urgência e a necessidade de eliminar os alimentos tóxicos da sua dieta. Os números na balança não têm muito valor se os hábitos continuam ruins.

Não é questão de radicalismo, mas de bom senso: você não foi criado para ingerir alimentos tóxicos. Nosso corpo, no fim das contas, não é nosso, mas de Deus: "Acaso não sabem que [...] vocês não são de si mesmos?" (1Coríntios 6:19). Somos mordomos de nosso corpo.

PARA COMPARTILHAR

> "Em vez de se render a restrições rigorosas ou seguir dietas da moda que prometem resultados rápidos, seguir uma reeducação alimentar é a melhor opção, pois ela incentiva a adoção de hábitos alimentares que se sustentam em longo prazo."

COM QUE ALIMENTAMOS NOSSOS FILHOS?

No caso dos pais, além de sermos responsáveis pela nossa alimentação, também somos responsáveis pelo que nossos filhos comem.

Quando eu era criança, em meados de 1980, a informação não estava tão disponível quanto hoje. Sem Instagram, Google, aplicativos de nutrição nem sites de pesquisa científica, as famílias, de forma geral, confiavam no que diziam propagandas da indústria de alimento e nas tradições que recebiam dos antigos.

Com isso, era muito comum situações que hoje seriam absurdas. Eu me lembro de tomar refrigerante na mamadeira, e de que meu copo de leite era lotado de achocolatado. Na lancheira da escola, era biscoito, às vezes recheado. E não era só eu: dificilmente uma criança levaria uma fruta de lanche na escola.

Hoje, não apenas há mais pesquisas sobre o que realmente compõe os alimentos industrializados, como também existe maior variedade de produtos saudáveis. Não precisamos repetir o que vivemos na infância. Temos acesso a informações privilegiadas, acessíveis a qualquer um, e também a melhores condições de adquirir alimentos saudáveis para nossos filhos.

Crianças dependem completamente de um adulto para alimentá-las. Ainda que tenham preferência por determinado tipo de alimento, elas não têm recursos para ir ao supermercado comprar o que querem nem têm discernimento do que é saudável ou não. Por isso, cabe a nós alimentarmos nossos filhos de forma justa. Quando lhes damos apenas comidas que não são saudáveis, ou quando não impomos limites à alimentação deles, estamos cometendo um ato de injustiça. Sabemos o que deveria ser feito em favor deles, mas não fazemos.

> Qual de vocês, se seu filho pedir pão, lhe dará uma pedra? Ou se pedir peixe, lhe dará uma cobra? Se vocês, apesar de serem maus, sabem dar boas coisas aos seus filhos, quanto mais o Pai de vocês, que está nos céus, dará coisas boas aos que lhe pedirem! (Mateus 7:9-11).

Nesse texto, Jesus está ensinando seus discípulos a confiarem na bondade de Deus. O Senhor jamais dará pedra ou cobra, que simbolizam o que é prejudicial, a quem lhe pedir pão ou peixe, que simbolizam as coisas boas. E ainda que pedíssemos pedra ou cobra, Deus não nos daria isso. Ainda que, dada nossa ignorância, peçamos coisas prejudiciais, o Senhor nos atende segundo sua bondade e sabedoria, e não conforme a ingenuidade de nossos pedidos.

Da mesma forma, cabe a nós, pais, fazermos escolhas saudáveis para nossos filhos, oferecendo alimentos que nutrem e sustentam, em vez de "alimentos" que são prejudiciais, por mais que seja isso que eles queiram.

Segundo um levantamento realizado pelo Observatório de Saúde na Infância, da Fiocruz, o excesso de peso (que inclui casos de sobrepeso e de obesidade) afetou 1 em cada 10 crianças brasileiras e 1 em cada 3 adolescentes (10 a 18 anos) em 2022. Em comparação a outros países, nesse ano, o Brasil possuía quase três vezes mais crianças com excesso de peso do que a média global: 14,2% no Brasil *versus* 5,6% no mundo. Em relação aos adolescentes com excesso de peso, a média brasileira era quase o dobro da mundial (31,2% contra 18,2%).[8]

A obesidade infantil não é mera questão de números. Ela é a porta de entrada para diversas doenças crônicas, como câncer, hipertensão, diabetes, colesterol alto e doenças cardiovasculares, além de contribuir no agravamento de doenças respiratórias.

Nós, pais, somos os primeiros exemplos de nossos filhos no que diz respeito à saúde, tanto pelo que nós comemos como pelo que lhes damos de comer. Ao fazermos boas escolhas para nós mesmos, incentivando nossos filhos a seguirem o mesmo caminho.

Nutrição não é assunto só de nutricionista. A nutrição é para todos! Devemos aprender e transmitir esse conhecimento a nossos filhos. Daniel se manteve fiel a Deus, mesmo tão jovem e tão distante de casa, certamente porque, desde pequeno, ouvia a lei do Senhor e a via sendo praticada em sua casa.

Conhecer as propriedades do que entra no seu corpo, e a função que isso desempenha em seu organismo, é uma informação que todos devem possuir. Não olhe para o tema da nutrição como se fosse algo inalcançável. Ela se torna alcançável quando você se apropria dela, prestando atenção, tomando notas, estudando e aplicando o que aprendeu na sua vida.

Como disse Jesus em relação ao seu ensino, ninguém é transformado apenas por ouvir suas palavras, nem por armazenar muitas informações úteis. A transformação acontece quando o que sabemos e ouvimos é aplicado no nosso dia a dia, influenciando nossas escolhas e padrões de comportamento.

A transformação que você deseja viver em sua vida deve passar pelo seu corpo e, para isso, deve alcançar o seu prato. Um corpo saudável começa a ser construído na cozinha de casa.

Deus não nos criou para vivermos em um corpo limitado, enfermo em função de escolhas que geram morte. Ele nos fez para experimentar essa vida com vigor e disposição. Tudo de que você precisa para uma alimentação saudável está bem diante de

PARA COMPARTILHAR

> "Nós, pais, somos os primeiros exemplos de nossos filhos no que diz respeito à saúde... Ao fazermos boas escolhas para nós mesmos, incentivando nossos filhos a seguirem o mesmo caminho."

você. Deus, nosso Pai, encheu o mundo de coisas boas. Cabe a nós escolher por elas e experimentar uma vida mais rica. Eu escolhi a vida, e você?

PENSE COMIGO

1. Que nota você daria à sua alimentação?

2. Você possui algum ponto fraco (doce, pizza, fritura etc.)? Existe algo que atrapalha você a seguir uma rotina alimentar saudável?

3. Que alteração em sua rotina alimentar a partir de hoje a tornaria mais saudável? Qual hábito você pode abandonar, ou qual você pode adotar?

3º O MOVIMENTO DO CORPO

Construindo um depósito de saúde

Você tem um estoque de energia para o futuro?
Nem todo mundo pensa no futuro. Quando pensa, boa parte das pessoas faz planos financeiros, poupando dinheiro para não precisar trabalhar na velhice. Isso é muito bom, mas com que saúde você irá desfrutar do que está poupando?

É fato que o comprimento de nossa vida já foi estabelecido por Deus, como está dito em sua Palavra:

> Estabeleceste a extensão de nossa vida;
> sabes quantos meses viveremos,
> e não recebemos nem um dia a mais
>   (Jó 14:5).

> Cada dia de minha vida estava registrado
>   em teu livro,
> cada momento foi estabelecido
>   quando ainda nenhum deles existia
>   (Salmos 139:16).

Mas como viveremos e desfrutaremos dessa vida planejada por Deus? Com dores, limitações, pouca energia? Ou com saúde — uma saúde a ser construída desde agora?

A alimentação saudável, discutida no capítulo anterior, nos traz saúde, previne doenças e serve de remédio. No entanto, quando pensamos em uma "poupança de saúde", a alimentação funciona mais como conta corrente. Comemos todos os dias para suprir a necessidade de energia de todos os dias. Não tem como você comer hoje a energia de que vai precisar amanhã.

O nosso estoque de energia se dá pelo *movimento*.

Não fomos criados para ficarmos parados. O movimento é algo que pertence ao ser humano desde o princípio; antes disso, é uma característica do próprio Deus.

> Era a terra sem forma e vazia; trevas cobriam a face do abismo, e o Espírito de Deus *se movia* sobre a face das águas (Gênesis 1:2).

Movimento está ligado à vida. Segundo meu querido pastor e amigo Hernandes Dias Lopes, "O Espírito Santo pairava sobre as águas, energizando a obra criada, trazendo vida à criação de Deus. Isso está de acordo com o que diz a Escritura: *Envias o teu Espírito, eles são criados, e, assim, renovas a face da terra* (Sl 104.30)".[9] O ser humano que Deus modelou a partir do barro não passaria de um boneco, ainda que muito bem feito, se o Senhor não soprasse em suas narinas o fôlego de vida, fazendo do ser humano "um ser vivente" (Gênesis 2:7).

A palavra traduzida por "vivente" (no hebraico, *chayah*)[10] não significa apenas "vivo", como contrário de "morto". No contexto bíblico, *chayah* abrange muitos aspectos da vida, como o crescimento, a capacidade de reprodução, a fome e a atividade ou movimento característicos dos seres vivos.[11] Vem à minha mente o momento em que Jesus ressuscita a filha de Jairo, uma menina de 12 anos. O evangelista Marcos relata:

> Imediatamente a menina, que tinha doze anos de idade, *levantou-se e começou a andar*. Isso os deixou atônitos. Ele deu ordens expressas para que não dissessem nada a ninguém e *mandou que dessem a ela alguma coisa para comer* (Marcos 5:42-43).

Veja aí, movimento e alimentação, lado a lado, como características de alguém que havia recebido a vida!

Eu particularmente entendo que a boa alimentação, nos termos que apresentei no capítulo anterior, tem preferência sobre o movimento. Em primeiro lugar, porque é do alimento que procede a energia que permite o nosso movimento:

> É o Senhor que faz crescer o pasto para
>   o gado,
> e as plantas que o homem cultiva,
>   para da terra tirar o alimento:
> o vinho, que alegra o coração do homem;
> o azeite, que lhe faz brilhar o rosto,
> e o pão *que sustenta o seu vigor*
>   (Salmos 104:14-15).

Em segundo lugar, penso que a boa alimentação tem prioridade porque a atividade física isoladamente, sem uma alimentação saudável, pode não ter efeitos positivos. Quando fazemos atividade física, sentimos mais fome, já que nosso metabolismo acelera. Então comemos mais. Se você não tem uma dieta alimentar regrada, irá comer mais coisas erradas. Pense comigo: de que adiantaria uma pessoa fazer atividade física todos os dias e comer errado todos os dias? Pela alimentação errada, ela acaba perdendo muitos dos resultados que obteve com a atividade física.

MOVIMENTO, SAÚDE E VIGOR

Quando Deus fez o ser humano, Ele o colocou no jardim "para cuidar dele e cultivá-lo" (Gênesis 2:15). Aí está o primeiro movimento humano, associado ao trabalho. Se você já trabalhou em um jardim, sabe o tanto de esforço que isso requer. Mexer com a terra é uma atividade das mais cansativas. No entanto, no Éden perfeito, esse trabalho não geraria fadiga, pois ela veio com o pecado (Gênesis 3:19), mas não deixava de ser um exercício físico: enquanto Adão e Eva trabalhavam a terra, o exercício trabalharia seus corpos.

Ainda que a Bíblia não mencione o exercício físico da forma como pensamos nele hoje em dia, como atividades estruturadas ou esportes, ela menciona o vigor físico e, em muitos casos, o apresenta como qualidade e bênção de Deus. Lemos que Moisés morreu com 120 anos, "todavia, nem os seus olhos nem o seu vigor tinham se enfraquecido" (Deuteronômio 34:7). Calebe, um dos únicos dois israelitas que pôde entrar na terra prometida após a rebelião do povo no deserto, foi outro homem que sustentou força física mesmo no fim da vida:

PARA COMPARTILHAR

> "Ainda que a Bíblia não mencione o exercício físico da forma como pensamos nele hoje em dia, como atividades estruturadas ou esportes, ela menciona o vigor físico e, em muitos casos, o apresenta como qualidade e bênção de Deus."

> Pois bem, o Senhor manteve-me vivo, como prometeu. E foi há quarenta e cinco anos que ele disse isso a Moisés, quando Israel caminhava pelo deserto. Por isso aqui estou hoje, com oitenta e cinco anos de idade! Ainda estou tão forte como no dia em que Moisés me enviou; tenho agora tanto vigor para ir à guerra como tinha naquela época (Juízes 14:10-11).

O Senhor Deus se apresenta, em toda a Bíblia, como o Deus forte, que não apenas usa sua força em favor de seu povo, mas promete dar dessa força ao seus:

> Será que você não sabe?
>   Nunca ouviu falar?
> O Senhor é o Deus eterno,
>   o Criador de toda a terra.
> Ele não se cansa nem fica exausto;
>   sua sabedoria é insondável.
> Ele fortalece o cansado
>   e dá grande vigor ao que está
>   sem forças.
> Até os jovens se cansam
>   e ficam exaustos,

> e os moços tropeçam e caem;
>> mas aqueles que esperam no Senhor
>> renovam as suas forças.
> Voam alto como águias;
>> correm e não ficam exaustos,
>> andam e não se cansam
>> (Isaías 40:28-31).

Considerando isso, quando falo aqui de movimento físico, penso em algo para que o corpo humano foi criado, e como meio para se obter força e vigor físico, além de outros benefícios que logo vou apresentar. Não se trata, então, de fazer do corpo um objeto de culto, e da atividade física, um meio para obter um corpo bonito. Obviamente o corpo saudável possui beleza, mas ela é um adendo à saúde que cultivamos com o movimento físico.

O EXERCÍCIO É PROVEITOSO?

Apesar de a Bíblia não falar especificamente de atividades físicas, há um versículo em que o exercício é mencionado, e aparentemente não de uma forma muito boa:

> O exercício físico é de pouco proveito; a piedade, porém, para tudo é proveitosa, porque tem promessa da vida presente e da futura (1 Timóteo 4:8).

Alguns cristãos usam esse versículo como justificativa para não se exercitarem, mas Paulo, em momento algum está dizendo isso. O contexto de Paulo aqui é a piedade. No versículo imediatamente anterior, ele orienta o jovem Timóteo: "Exercite-se na piedade". Então, compara esse exercício espiritual com o físico: a piedade é superior ao exercício físico porque ela diz respeito à vida presente e a futura. E o exercício físico? Diz respeito à vida presente, é óbvio.

Sendo assim, ele não é inútil, mas tem proveito *limitado*. Não que Timóteo tivesse que escolher entre exercício físico e piedade, entre cuidar de sua vida presente e de sua vida futura. Como vimos no capítulo anterior, Paulo exorta Timóteo a cuidar da saúde, aconselhando-o a tomar vinho como tônico estomacal (1Timóteo 5:23). Há, então, proveito e importância em cuidar da vida presente, e uma forma de cuidado é exercitando.

Em outro texto bíblico, Paulo usa a metáfora do exercício bíblico, de modo mais positivo:

> Vocês não sabem que de todos os que correm no estádio, apenas um ganha o prêmio? Corram de tal modo que alcancem o prêmio. Todos os que competem nos jogos se submetem a um treinamento rigoroso, para obter uma coroa que logo perece; mas nós o fazemos para ganhar uma coroa que dura para sempre. Sendo assim, não corro como quem corre sem alvo, e não luto como quem esmurra o ar. Mas esmurro o meu corpo e faço dele meu escravo, para que, depois de ter

PARA COMPARTILHAR

> Não se trata, então, de fazer do corpo um objeto de culto, e da atividade física, um meio para obter um corpo bonito. Obviamente o corpo saudável possui beleza, mas ela é um adendo à saúde que cultivamos com o movimento físico.

> pregado aos outros, eu mesmo não venha a ser reprovado (1Coríntios 9:24-27).

Paulo menciona dois esportes da época, a corrida e a luta. As corridas eram uma das competições mais famosas nos jogos da Grécia Antiga, incluindo os Jogos Olímpicos, que existiam séculos antes de Paulo. Os corredores treinavam intensamente para competir em provas de várias distâncias. Além das corridas, as competições de luta (pugilato e luta livre) eram muito populares. Esse tipo de esporte exigia força física combinada a técnica, estratégia e uma grande autodisciplina. Os lutadores treinavam rigorosamente para aprimorar suas habilidades, e muitas vezes contavam com treinadores especializados.

Como fica claro no versículo, Paulo usa os esportes como exemplo de autodisciplina. Para mim, esse é um dos principais benefícios da atividade física. Foi por meio do exercício físico que eu desenvolvi o foco e a disciplina que apliquei em outras áreas da minha vida.

Eu entendo que o sucesso é treinável. "Sucesso" talvez não pareça um termo muito bíblico, mas seu sentido primeiro é "bom resultado". É bênção de Deus se dedicar a um projeto e colher dele um bom resultado, como escreveu o sábio mestre de Eclesiastes:

> Assim, descobri que, para o homem, o melhor e o que mais vale a pena é comer, beber, e desfrutar o resultado de todo o esforço que se faz debaixo do sol durante os poucos dias de vida que Deus lhe dá, pois essa é a sua recompensa (Eclesiastes 5:18).

PARA COMPARTILHAR

"Paulo usa os esportes como exemplo de autodisciplina. Para mim, esse é um dos principais benefícios da atividade física."

Ter sucesso, porém, depende de se dedicar; nas palavras desse verso de Eclesiastes, "fazer esforço". É aqui que entra o treino: é possível *aprender* a ser esforçado e aplicado em projetos que visam trazer bons resultados.

Todo mundo nasce com a habilidade da disciplina e do foco, mas algumas pessoas usam isso de forma errada: em vez de desenvolverem a disciplina que leva à transformação e ao sucesso, treinam a si mesmas para criar desculpas. A essência da disciplina é a mesma; o que muda é onde a depositam.

O que percebi na minha vida é que a disciplina que desenvolvi por meio do exercício físico pôde ser replicada em outras esferas: no meu trabalho, nos meus estudos, na minha vida familiar, na minha influência online. Eu nem imaginava que essa seria a disciplina com que, hoje, eu desenvolvo minha vida com Deus. Não sou perfeita, todos nós falhamos. Há dias em que estamos mais dedicados, em outros períodos, estamos correndo com outras coisas. Como diz meu pastor, tem dias que nossa vida espiritual é mais bombada, em outros, é mais anêmica. Nesse vai e vem, o que nos faz não perder o foco é a disciplina de seguir o que planejamos.

Assim como obtive bons resultados físicos com a disciplina em treinar fisicamente, também colhi bons resultados em todas as áreas às quais me dediquei com o mesmo empenho.

Na verdade, as pesquisas científicas têm demonstrado que a atividade física possui um papel importante na capacidade de nosso cérebro em aprender, desenvolver habilidades e melhorar suas funções cognitivas.[12] Essa capacidade é chamada de *neuroplasticidade*. Assim, ainda que ficar sentado no sofá elaborando desculpas possa ser uma espécie de disciplina, é a atividade física que vai dar ao seu cérebro melhores condições de enfrentar novas experiências e aprender com elas.

Por isso, coloco aqui como primeiro benefício da atividade física não a queda do colesterol, o aumento da imunidade ou qualquer outro benefício físico — que existem, obviamente —, mas o exercício da disciplina, do autocontrole, do foco. Todos nós podemos desenvolver essa habilidade e — por que não? — recorrer ao Senhor para nos capacitar a isso.

Comecei a malhar não por gosto, mas por questões de saúde. E quer saber? Eu detestava. Ia na força do ódio, como se diz. Eu treinava antes do meu horário de trabalho, e como eu entrava no banco muito cedo, tinha que ir para a academia praticamente de madrugada. Quantas vezes, chegando lá, eu não pensei "Deus, não sei o que estou fazendo aqui, mas sei que preciso. Me ajuda". E a semana virou um mês, depois um semestre, um ano, e logo aquilo que antes era difícil acabou se tornando mais fácil e, no fim, prazeroso. Então vieram os bons resultados.

MELHOR DO QUE REMÉDIO

A atividade física possui incontáveis benefícios para a saúde do corpo e da mente — tão precária nessa era dominada por um estilo de vida sedentário, dependente de computador e remédios. De fato, quanto mais se movimenta, menos o corpo humano irá precisar de medicamentos. O sábio Hipócrates, que já citei algumas vezes, dizia que "caminhar é o melhor remédio do homem".

Muito estudos científicos têm mostrado que a atividade física pode reverter alguns efeitos indesejáveis do sedentarismo, além de retardar o envelhecimento do cérebro e o avanço em certas doenças degenerativas, como mal de Alzheimer, diabetes e esclerose múltipla. Ela também melhora processos cognitivos, ajuda na memória, na capacidade de concentração e possui efeitos analgésicos e antidepressivos. Como diz a máxima latina, *mens sana in corpore sano* — "mente sã em um corpo são" — a atividade física é importante para se alcançar qualidade de vida e bem-estar.[13]

Falando em termos de saúde física, muitas doenças não transmissíveis podem ser evitadas ou até mesmo revertidas com um exercício ou prática esportiva regular.

Bem-estar e saúde mental

A prática regular de atividades físicas pode beneficiar a saúde mental amplamente. Ela reconhecidamente melhora a capacidade do corpo de gerenciar energia e aumentar a sensação de bem-estar e a autoestima.

Os transtornos de saúde mental são um problema no Brasil, afetando todo o sistema de saúde pública. As pesquisas mais recentes mostram que 26,8% da população brasileira sofre de ansiedade, enquanto 12,7% lida com a depressão.[14]

Antes da pandemia, o Brasil foi apontado pela Organização Mundial da Saúde (OMS) como o país com o maior número de pessoas portadoras de transtornos de ansiedade, e o quinto em transtornos de depressão.[15] Dados anteriores à pandemia diziam que transtornos emocionais eram a terceira maior causa de afastamentos de trabalho no Brasil.[16]

Agora, compare esses resultados a outro estudo realizado no mesmo período sobre a atividade física dos brasileiros: 60% dos brasileiros, em 2019, não faziam *nenhuma* atividade física regular. Apenas 26% faziam o mínimo recomendado pela OMS, que é de 150 minutos (duas horas e meia) de exercícios físicos por semana.[17]

Qual é sua conclusão quando vê esses dados lado a lado?

Está mais do que comprovada a eficiência do exercício físico na prevenção de transtornos mentais como depressão e ansiedade, além de ter bons efeitos na saúde de pessoas que já possuem essas

PARA COMPARTILHAR

> "A prática regular de atividades físicas pode beneficiar a saúde mental amplamente. Ela reconhecidamente melhora a capacidade do corpo de gerenciar energia e aumentar a sensação de bem-estar e a autoestima."

disfunções e praticam as atividades físicas como um adendo ao seu tratamento psicológico. De fato, os gastos com o cuidado da saúde mental aumentaram substancialmente nos últimos anos, principalmente no que diz respeito a intervenções farmacológicas. No entanto, o uso de medicamento, ainda que seja eficaz para tratar casos individuais, não é capaz de reduzir a incidência de transtornos emocionais na população de forma geral.[18]

Além da questão de doenças emocionais, a prática regular de exercícios também está associada a questões cotidianas de qualquer pessoa: ela melhora a qualidade do sono, por meio do ajuste do relógio biológico, promovendo uma melhoria na higiene do sono; reduz o estresse pela liberação de neurotransmissões; e melhoria as funções cognitivas, como memória, atenção e velocidade de processamento, que declinam com o passar dos anos.

Esses benefícios estão principalmente ligados à liberação de certas substâncias no cérebro, chamadas *neurotransmissores*, que ocorre com maior volume durante o exercício. São compostos químicos que transmitem mensagens entre os neurônios em si, ou entre neurônios e músculos, afetando assim nosso humor, energia, motivação e bem-estar geral. Os principais neurotransmissores capazes de influenciar nossas emoções são a serotonina, noradrenalina, dopamina e a endorfina. As pesquisas mostram que a produção desses quatro neurotransmissores essenciais é positivamente influenciada pela atividade física.

1. *Dopamina*: desempenha um papel crucial na motivação, prazer, coordenação motora e regulação do humor. Exercícios físicos, especialmente os aeróbicos (como correr, nadar, andar de bicicleta), aumentam a produção de dopamina no cérebro e esse aumento, por sua vez, ajuda a melhorar o humor e a sensação de bem-estar, além de incentivar a motivação e a satisfação.

2. *Serotonina*: tem um impacto significativo no humor, na sensação de bem-estar e na inibição da dor. Níveis mais altos de serotonina podem ajudar a combater a depressão e a ansiedade. A atividade física estimula a produção de serotonina, o que pode explicar o efeito antidepressivo do exercício.
3. *Norepinefrina (ou noradrenalina)*: aumenta a atenção, a percepção, o despertar e a prontidão. O exercício físico pode aumentar os níveis de norepinefrina, melhorando assim a concentração e a energia.
4. *Endorfina*: funciona como analgésico natural. A endorfina é produzida em resposta à dor e ao estresse, mas também é liberada durante o exercício. Ela produz uma sensação de euforia pós-exercício e reduz a percepção da dor.

Músculos

Músculo é sinal de saúde. Uma maior quantidade de músculos beneficia o corpo de diversas maneiras: previne doenças cardiovasculares, acelera o metabolismo, melhora o desempenho muscular, aumenta a força física e a queima de gordura corporal. Além disso, um corpo com maior percentual de massa magra tem um metabolismo mais eficiente, o que é importante para a regulação do peso corporal e manutenção da saúde geral, incluindo a do sistema imunológico.

A massa muscular se contrapõe ao tecido adiposa, ou seja, à gordura, que é inflamatória. O tecido adiposo, especialmente quando em excesso, como ocorre na obesidade, pode produzir e secretar várias substâncias pró-inflamatórias, contribuindo para um estado inflamatório crônico do corpo. Esse estado está ligado ao desenvolvimento de diversas doenças crônicas, como resistência à insulina, diabetes tipo 2, doenças cardiovasculares e esteatose hepática não alcoólica (aumento da gordura no fígado).

Nesse contexto, a massa muscular tem um efeito protetor. Durante o exercício, os músculos se contraem e liberam substâncias chamadas *miocinas*. Elas possuem ação anti-inflamatória e benefícios metabólicos significativos, como hipertrofia muscular, aumento do gasto energético e controle da glicemia. Também estão ligadas à neuroplasticidade, memória e até potencial anticancerígeno.[19]

Os músculos também funcionam como um "estoque de saúde". Um estudo realizado por pesquisadores da Universidade de São Paulo entre pessoas hospitalizadas com covid-19 identificou que os pacientes que tinham mais força e massa muscular tendiam a permanecer menos tempo internados. A pesquisa concluiu que essa condição não se restringia a pacientes com covid-19, mas a diversas doenças.[20]

Eu vivi isso em primeira mão com meu marido, Maguila. Ele foi internado no final de 2018 com uma crise de retocolite ulcerativa. Essa é uma doença autoimune inflamatória que causa úlcera no cólon e no reto. O Maguila ficou dez dias internado, e nesse período ele perdeu 30 quilos. Isso mesmo, 30 quilos. Se ele não tivesse massa muscular estocada para queimar em uma situação como essa. A chance de recuperação seria muito menor.

Precisamos desconstruir essa ideia de que músculo é só para marombado, rato de academia e fisiculturista. Não, músculo é sinônimo de longevidade e saúde.

Com o envelhecimento, é natural que o índice de massa magra no corpo diminua; aos 80 anos, uma pessoa já perdeu aproximadamente 40% da massa magra que possuía na juventude. Essa condição, aliada a uma menor capacidade cardiorrespiratória, pode causar aquela fragilidade que costumamos ver em muitos idosos, retratada de forma muito poética, embora melancólica, pelo autor de Eclesiastes:

PARA COMPARTILHAR

> "Precisamos desconstruir essa ideia de que músculo é só para marombado, rato de academia e fisiculturista. Não, músculo é sinônimo de longevidade e saúde."

> Quando os guardas da casa tremerem
> e os homens fortes
> caminharem encurvados;
> quando pararem os moedores
> por serem poucos,
> e aqueles que olham pelas janelas
> enxergarem embaçado;
> quando as portas da rua forem
> fechadas
> e diminuir o som da moagem;
> quando o barulho das aves
> o fizer despertar,
> mas o som de todas as canções
> lhe parecer fraco;
> quando você tiver medo de altura,
> e dos perigos das ruas;
> quando florir a amendoeira,
> o gafanhoto for um peso
> e o desejo já não se despertar
> (Eclesiastes 12:3-5).

Salomão não sabia que essa condição receberia a designação médica de "síndrome da fragilidade no idoso". Ela envolve dificuldade em segurar/agarrar objetos, caminhada lenta, nível baixo de atividade física, baixa energia ou exaustão relatada pelo próprio indivíduo e perda de peso. Essas características, que consideramos quase comuns na velhice, são causadas primariamente pela perda da massa muscular.

Exercícios físicos que trabalham a força, como a musculação ou treino com faixas elásticas, desenvolvem esse estoque de músculos para a velhice, mas também são benéficos para as pessoas idosas. Elas também podem melhorar sua massa muscular e força na velhice. Quem sabe foi com um grande estoque de músculos que Calebe pôde dizer: "Aqui estou hoje, com oitenta e cinco anos de idade, tão forte como no dia em que Moisés me enviou".

Doenças não transmissíveis

Por fim, a atividade física é recomendada como terapia para diversas condições de saúde. Exercícios regulares melhoram a aptidão cardiorrespiratória e a saúde cardiovascular, auxiliam na redução do índice de massa corporal e podem atuar como um "anti-inflamatório" natural em doenças crônicas, como diabetes tipo 2, aumentando a capacidade imunológica e reduzindo o risco de infecções em comparação com um estilo de vida sedentário.[21]

MUDANDO OS HÁBITOS

Talvez você já saiba muito do que compartilhei aqui. Da mesma forma, você sabe que "saber" não equivale a "praticar", como o próprio Jesus ensinou ao fim do sermão do monte: bem-aventurados são os que *praticam* essas coisas.

Assim como ter uma alimentação saudável é uma escolha, exercitar-se também é. Você pode começar à força ou por obrigação, como foi meu caso, mas músculos não nascem como cabelo. Ficar no sofá não vai deixar sua geladeira cheia de alimentos nutritivos nem seu corpo cheio de músculos.

Há pessoas que não têm motivação para se exercitar, e acredito que as redes sociais influenciam nisso. Muitos influenciadores — e eu me incluo! — costumam postar suas fotos realizando exercícios físicos que talvez assustem os iniciantes. Eu particularmente gosto de postar fotos minhas me exercitando, mas não faço isso como exibicionismo, e sim como gratidão a Deus pela condição física que alcancei hoje. Mas é importante frisar: eu não comecei assim. Meu corpo, minha saúde e minha resistência física são o resultado de mais de uma década de dedicação e escolhas feitas diariamente.

Todos começam da mesma forma: pelo começo. Parece óbvio, mas é importante frisar. Gosto de pensar que até Jesus, o Deus encarnado, começou pelo mesmo começo de todo ser humano: nasceu, foi amamentado, aprendeu a andar e a falar, se submeteu aos pais. Foi crescendo, como qualquer criança cresce (Lucas 2:52), embora fosse o Deus Criador.

Se um hábito de saúde não faz parte de sua rotina, então você terá de começar pelo princípio. E não digo apenas no sentido de pegar leve: você terá de *planejar* de que modo vai incluir isso na sua vida.

Eu costumo dizer que se eu falho em planejar, planejo para falhar. Eu posso, e preciso, tomar a decisão de fazer alguma coisa pela minha saúde. Mas para que essa decisão se torne um hábito e, depois disso, um estilo de vida, preciso planejar. Sendo assim, você pode considerar:

- Qual tipo de exercício físico vou incluir na minha rotina?
- Quanto tempo eu consigo disponibilizar *hoje* para essa prática?
- Considerando minha condição de saúde atual, o que consigo praticar hoje?
- O que eu quero fazer envolve custos (mensalidade, matrícula, roupa, tênis, acessório, instrutor etc.)? Quanto eu tenho disponível para investir (nunca *gastar*) nisso hoje?

- Qual é o meu objetivo? (Aqui, considere todas as variantes possíveis: seu corpo [peso, índice de gordura, taxa de massa muscular, calorias queimadas por dia], seus recordes [tempo de corrida, distância percorrida, peso levantado], suas conquistas [um campeonato, uma medalha] etc.)

Essas são algumas perguntas básicas. Você pode deixar o questionário mais pessoal, considerando sua realidade — nunca a realidade de alguém nas redes sociais nem de outros colegas da academia.

Definido o seu planejamento, considere algumas dicas que podem ajudar você a fazer do seu plano uma vida transformada:

1. *Identifique os gatilhos.* Quais eventos do dia a dia podem atrapalhar meus planos? O que eu vou fazer a respeito? Por exemplo, mulheres que sofrem de tensão pré-menstrual podem se sentir inclinadas a não treinar como "recompensa" pela indisposição que estão sentindo. Mas se elas considerarem os efeitos positivos do exercício físico — talvez até repetindo-os para si em voz alta —, podem se sentir motivadas.
2. *Compromisso social.* Compartilhe suas metas com amigos ou família. No começo da minha busca por uma vida saudável, eu compartilhava no Instagram minhas fotos na academia e dos meus pratos de comida como uma espécie de diário para me automotivar — eu precisava treinar para postar.
3. *Celebre pequenas vitórias.* Reconheça e celebre cada sucesso, não importa o tamanho. É de grande ajuda você também planejar qual será a celebração ou a recompensa a cada passo. Por exemplo: quando correr seus cinco primeiros quilômetros, você pode se presentear com um tênis novo.

PENSE COMIGO

1. Que nota você daria à sua disposição física?

2. Quais são os pensamentos e concepções que você tem que o impedem de levar um estilo de vida mais ativo?

3. Se você sente que precisa mudar, mas não consegue, qual será sua oração a Deus?

21
O DESCANSO DO CORPO

Desfrutando do que foi conquistado

Por que precisamos descansar?
Temos visto que Deus criou o habitat perfeito para a humanidade. Tudo de que necessitamos para viver com vigor, saúde e plenitude está na criação: nos alimentos que Ele fez, no movimento para o qual preparou nosso corpo.

Então, quando Deus conclui sua obra como Criador, Ele faz algo que eu, particularmente, acho inesperado da parte dele:

> No sétimo dia Deus já havia concluído a obra que realizara, e nesse dia descansou. Abençoou Deus o sétimo dia e o santificou, porque nele descansou de toda a obra que realizara na criação (Gênesis 2:2-3).

Pois é, Deus *descansou*.

Precisamos entender o que significa esse descansar de Deus porque, como você deve saber, foi a partir desse evento que se estabeleceu um mandamento:

> Lembra-te do dia de sábado, para santificá-lo. Trabalharás seis dias e neles farás todos os teus trabalhos, mas o sétimo dia é o sábado dedicado ao Senhor, o teu Deus. [...]. Pois em seis dias o Senhor fez os céus e a terra, o mar e tudo o que neles existe, mas no sétimo dia descansou. Portanto, o Senhor abençoou o sétimo dia e o santificou (Êxodo 20:8-11).

A palavra "descansou", no hebraico, significa literalmente "cessou". Segundo o comentarista bíblico Derek Kidner, esse "é o repouso da realização cumprida, não da inatividade".[22] Deus, então, *cessou* sua obra como Criador do mundo. Isso não significa que Ele está de férias. O salmista diz que Deus "não dormirá; ele está sempre alerta!" (Salmos 121:4). Jesus também afirmou: "Meu Pai continua trabalhando até hoje, e eu também estou trabalhando" (João 1:17).

O trabalho do ser humano, por sua vez, não tinha um final. Você se lembra: ele foi colocado no Éden para cultivá-lo e cuidar dele. Pense nos seus vasos de plantas: quando você pode tirar "férias" deles? Nunca. Cultivo e cuidado são atividades diárias. Adão e Eva trabalhariam o solo, as plantas, a botânica e tudo

PARA COMPARTILHAR

> "Deus criou o habitat perfeito para a humanidade. Tudo de que necessitamos para viver com vigor, saúde e plenitude está na criação: nos alimentos que Ele fez, no movimento para o qual preparou nosso corpo."

mais ininterruptamente se Deus não tivesse interrompido esse ciclo com um dia que Ele santificou.

O *sábado*, que foi guardado pelos israelitas como o sétimo dia da semana, não significa "sétimo", mas "cessar" — exatamente a mesma palavra usada para descrever a ação de Deus no sétimo dia (no hebraico, *shabath*). Esse é o dia de cessar o trabalho contínuo e dedicá-lo ao Senhor.

É muito interessante que, durante a criação, Deus foi separando as coisas à medida que as criava: a luz das trevas (1:4); as águas de cima do firmamento das águas de baixo (1:6-9); o dia da noite (1:14). O sétimo dia também foi, de certa forma, uma separação: o descanso interrompendo o ciclo de trabalho.[23] Nem mesmo no paraíso, onde não havia fadiga, nem tédio, nem exaustão, o movimento contínuo do trabalho seria fonte de prazer. Tudo o que Deus havia criado até então era considerado bom; então o descanso também é. Jesus mesmo afirmou que esse princípio foi estabelecido por Deus pensando no bem da humanidade: "O sábado foi feito por causa do homem, e não o homem por causa do sábado" (Marcos 2:27).

Tem um detalhe importante no estabelecimento do descanso: ele interrompe o ciclo de *trabalho*. Ou seja, o descanso não é um convite ao ócio. O descanso do trabalho é abençoado por Deus; a falta do que fazer, não é:

> Passei pelo campo do preguiçoso,
> pelo vinhedo daquele que não
>   tem juízo.
> Tudo estava cheio de espinhos e coberto
>   de ervas daninhas,
> e seu muro de pedras, em ruínas.

> Então, enquanto observava e pensava no que via,
> aprendi esta lição:
> Um pouco mais de sono, mais um cochilo,
> mais um descanso com os braços cruzados,
> e a pobreza o assaltará como um bandido;
> a escassez o atacará como um ladrão armado (Provérbios 24:30-34).

Deus não abençoa a preguiça, o descanso perpétuo. Esse texto de Provérbios fala da propriedade de alguém, o texto de Gênesis diz respeito ao trabalho produtivo, mas ambos podem ser aplicados também ao cuidado com a saúde: o corpo de um preguiçoso pode, muito bem, se parecer com um campo "cheio de espinhos e coberto de ervas daninhas, em ruínas". Como veremos logo mais, a atividade física influencia, e muito, no sono, de modo que é bem difícil um corpo sedentário descansar com saúde.

Outro ponto importante do sábado — considerando a palavra como o "dia do descanso" — é que Deus o *santificou*. Isso está afirmado tanto em Gênesis 2 como em Êxodo 20, nos versos citados anteriormente. A palavra "santificar", no hebraico, tem o mesmo sentido de "separar, deixar à parte". Foi o que Deus fez na criação, tirou um dia da semana da rotina dos demais dias. Seria um momento diferente, para as suas criaturas desfrutarem do fruto do seu trabalho, assim como Ele se alegrava no que havia criado.

Descanso e santidade caminham juntos, pois santidade é o oposto de pecado, e pecado é aquilo que mais produz cansaço.[24] Quando vivemos segundo os princípios eternos de Deus para nós, temos vida plena e encontramos descanso reparador.

Fico pensando se o cansaço generalizado de nossa sociedade atual não é resultado de um distanciamento cada vez maior dos parâmetros de Deus para a sua criação. O descanso foi estabelecido por Deus como um cuidado, um presente atencioso. Muitos ignoram essa dádiva, sem nunca descansarem. Como se o sucesso de seus planos dependesse total e exclusivamente deles.

A Bíblia nos exorta a nos esforçar, mas deixa claro que a bênção sobre os nossos esforços vem de Deus:

> Se não for o SENHOR o construtor da casa,
>   será inútil trabalhar na construção.
> Se não é o SENHOR que vigia a cidade,
>   será inútil a sentinela montar
>   guarda.
> Será inútil levantar cedo e dormir tarde,
>   trabalhando arduamente por
>   alimento.
> O SENHOR concede o sono
>   àqueles a quem ele ama
>   (Salmos 127:1-2).

Nos dias de hoje, há uma espécie de "epidemia" de sono perdido. As exigências do nosso estilo de vida atual, que inclui trabalhar de casa a qualquer hora, comer comidas hipercalóricas, passar muito tempo sem se mexer, estar exposto à luz o dia inteiro e ficar online em redes sociais. Dormir mal ou pouco afeta de maneira negativa várias partes do corpo. Quando não dormimos o suficiente, o nosso relógio biológico se desregula, e isso afeta o equilíbrio interno do organismo e o funcionamento de músculos e do fígado. Além disso, dormir mal, com um sono entrecortado ou insuficiente, perturba o equilíbrio hormonal, levando a uma condição conhecida como *estado catabólico*, no qual o corpo consome tecidos, como músculos e gordura, para obter energia. Embora o catabolismo seja uma parte normal do ciclo metabólico, um estado catabólico prolongado pode levar à perda de massa muscular e outras complicações, pois o corpo consome seus próprios tecidos para suprir suas necessidades energéticas.[25]

O filósofo sul-coreano Byung-Chul Han chama nossa geração de "sociedade do cansaço". Com isso, ele quer dizer que vivemos em um estado de exaustão crônica, causada tanto por demandas físicas como por pressões psicológicas e sociais. Na medida em que se afastam de Deus, as pessoas tendem a se tornar seus próprios deuses. E isso, como você deve saber, cansa.

OS RITMOS DA CRIAÇÃO

Assim como criou os alimentos de que o corpo necessita, Deus criou os ritmos de vida para usufruirmos de saúde e bem-estar físico e psicológico. Um desses ritmos é o ciclo circadiano.

A palavra "circadiano" vem do latim *circa diem*, que significa "cerca de um dia". Ela descreve os ritmos biológicos que duram aproximadamente 24 horas. Praticamente todos os organismos vivos, das plantas aos seres humanos, têm ritmos circadianos. Eles são controlados por um relógio biológico interno — que, no caso dos humanos, está localizado no cérebro —, e regulam várias funções, como sono, metabolismo, secreção hormonal, humor e temperatura corporal.

A pesquisa dos ritmos circadianos ganhou destaque depois que o Prêmio Nobel de Fisiologia ou Medicina de 2017 foi dado a três cientistas norte-americanos por suas descobertas dos mecanismos moleculares que controlam o ritmo circadiano. Eles identificaram, por meio de genes das moscas de fruta, que o relógio interno dos seres vivos é ajustado pela luz.

A Bíblia nos conta que a primeira coisa que Deus trouxe à existência foi a luz. E o primeiro "ciclo circadiano", ou seja, o primeiro dia, consistiu-se na separação entre luz e trevas, dia e noite. No quarto dia, Deus criou os luminares — sol, lua e estrelas — para "marcar estações, dias e anos" (Gênesis 1:14). Em sua sabedoria infinita, o Senhor criou ordem e ciclos que regem e geram a vida. A noite e a escuridão regulam hormônios importantíssimos para uma vida saudável.

Os dois principais hormônios relacionados ao ritmo de claro-escuro são a *melatonina* e o *cortisol*. A produção da melatonina é estimulada pela escuridão e inibida pela luz. Durante o dia, a produção de melatonina é baixa; à medida que anoitece a escuridão aumenta, o corpo produz e libera melatonina no sangue.

Uma vez liberado, esse hormônio diminui a temperatura corporal e induz a sensação de sonolência. O pico de produção de melatonina geralmente ocorre no meio da noite, e à medida que o dia amanhece, o nível desse hormônio diminui, preparando o corpo para acordar.

Aí entra em cena o cortisol. Pela manhã, com o aumento da luz, o organismo recebe sinais para despertar, o que coincide com o pico de secreção de cortisol, que normalmente ocorre no início da manhã, entre 6 e 8 horas. Esse aumento do cortisol promove a energia necessária para começar o dia. Ao longo do dia, os níveis de cortisol diminuem, atingindo seu ponto mais baixo à noite. A redução da luz solar é um dos sinais que indicam ao corpo que é hora de se preparar para dormir.

Como nosso relógio interno é ajustado pela luz, a exposição à luz artificial, principalmente à noite, pode interferir nesse ciclo natural. Em especial a luz azul, emitida por telas de dispositivos eletrônicos, faz o cérebro pensar que ainda é dia. Isso pode inibir a produção da melatonina e alterar a secreção de cortisol, afetando a qualidade do sono e o ciclo vigília-sono.

Às vezes, buscamos revolucionar nossa saúde por meio de estratégias complexas e custosas, quando tudo o que temos de fazer é ajustar nosso horário de sono e nossa preparação para a hora de dormir.

Embora algumas pessoas sejam mais "noturnas" que outras, Deus fez o ser humano como uma espécie diurna. Nosso corpo funciona em sua plenitude quando está ajustado ao ciclo de claro-escuro da luz solar. Podemos até trabalhar madrugada afora, mas, com isso, nosso corpo não estará funcionando do modo ideal, planejado por Deus para nossa saúde.

Algumas dicas para regular seu ciclo circadiano:

- *Mantenha um horário regular para dormir e acordar.* Antigamente, o pôr do sol marcava o horário de as pessoas se prepararem para o sono. Hoje, com tantas luzes ao nosso redor, precisamos impor a nós mesmos o horário de ir para a cama e de acordar. Fazer disso um hábito, inclusive nos finais de semana, ajuda a regular o relógio biológico do corpo. Toda vez que você muda seus horários de sono, seu organismo entra em descompasso hormonal. Acordar e dormir sempre no mesmo horário garante que o corpo esteja alinhado com a produção da melatonina.

- *Limite a exposição à luz azul à noite.* Evite utilizar dispositivos eletrônicos (smartphones, tablets e computadores) pelo menos uma hora antes de dormir. A luz azul emitida por esses dispositivos pode inibir a produção de melatonina, dificultando o adormecimento.

NEM SÓ DE PÃO VIVE A DIETA

As pesquisas científicas têm considerado o sono como um fator importantíssimo na manutenção da saúde ao longo da vida. Não se trata de *sentir sono*, mas de *dormir bem*. O sono tem um papel central na manutenção da saúde do cérebro, sendo fundamental na remoção de subprodutos tóxicos, na plasticidade sináptica e na consolidação da memória. As funções restaurativas do sono não se restringem ao cérebro, mas também alcançam outras áreas do corpo como as funções imunológica, cardiovascular e metabólica.[26]

O sono é tão essencial para a saúde quanto a alimentação, interferindo diretamente no nosso metabolismo. Pesquisadores têm relacionado muitas doenças metabólicas, como obesidade e diabetes, ao excesso de luminosidade a que nos expomos todos os dias.[27] Algumas pessoas têm dificuldade em equilibrar seu peso, mas não imaginam que isso seja causado por falta de sono. Isso se deve ao ajuste fino de dois hormônios centrais para o metabolismo: a leptina e a grelina.

A *leptina* é um dos hormônios afetados pelo sono irregular. Ela é produzida pelas células de gordura para sinalizar ao cérebro que o corpo tem energia suficiente armazenada. Isso diminui o apetite e aumenta o gasto energético, evitando que o corpo tenha peso excessivo. Durante a noite, nosso corpo tende a produzir mais leptina para que não tenhamos fome durante o sono.

PARA COMPARTILHAR

> As pesquisas científicas têm considerado o sono como um fator importantíssimo na manutenção da saúde ao longo da vida. Não se trata de *sentir sono*, mas de *dormir bem*.

Mas quando o sono é perturbado ou insuficiente, essa produção pode ser afetada e, como resultado, temos um nível menor de leptina. Isso pode aumentar o apetite e despertar um desejo por alimentos ricos em gordura e/ou açúcar, contribuindo para o ganho de peso.

Outro hormônio que pode ser afetado pelo sono é a *grelina*. Ela é produzida pelo estômago e faz com que o apetite aumente. Em adultos saudáveis, o nível de grelina aumenta perto das refeições e diminui após as refeições; aumenta e durante as primeiras horas de sono e diminui na segunda metade do sono. Em uma rotina constante, ela aumenta ao longo do dia e diminui ao longo da noite. O que pesquisadores têm verificado é que quando se dorme menos do que o necessário, há um maior nível de grelina no sangue, aumentando a fome, enquanto os níveis de leptina, que nos deixa saciados, são menores. O resultado é fome certa.[28]

Alimentação que cansa

Da mesma forma que o sono interfere no seu apetite, o seu apetite pode interferir na sua percepção de sono e cansaço. Nosso corpo funciona como um relógio analógico, com suas dezenas de engrenagens bem ajustadas. O apóstolo Paulo usa esse aspecto do corpo para falar como a igreja deve funcionar:

> Dele todo o corpo, ajustado e unido pelo auxílio de todas as juntas, cresce e edifica-se a si mesmo em amor, na medida em que cada parte realiza a sua função (Efésios 4:16).

Quando cada parte do corpo realiza sua função, há saúde; quando cada área da nossa vida está equilibrada, há prosperidade. O contrário é igualmente verdadeiro: quando há desequilíbrio ou disfunção em alguma área da vida ou parte do corpo, temos doença.

Por volta dos meus 24 anos de idade, fui contratada pelo Banco do Brasil nos Estados Unidos. Eu morava lá fazia três anos, e ainda não havia encontrado um emprego formal. Fiz de tudo um pouco: trabalhei em padaria, hotel, com limpeza, em loja de eletrônicos e como taxista. Essa oferta de um emprego estável, com férias e plano de saúde, chegou como um presente.

O departamento para o qual fui contratada lidava com contratos e outras questões burocráticas. Não era algo que eu me via fazendo para o resto da vida, mas era agradável, além de me dar estabilidade para planejar meu futuro. Ainda assim, me dedicava muito ao trabalho, chegando às 8 e saindo às 21 horas, e dizendo "sim" para tudo o que aparecesse. Eu queria mostrar serviço, caso aparecessem outras oportunidades no banco. E assim vivi por quase quatro anos.

Diferente da maioria das coisas com as quais havia trabalhado, no banco, eu passava o dia sentada num escritório. E embora meu corpo estivesse parado, minha mente não descansava. Eram muitos detalhes que exigiam minha atenção, e eu estava alerta a maior parte do tempo.

Esse cansaço mental gerava uma resposta do meu corpo: fome de doce. Nosso corpo, muitas vezes, nos leva a tomar decisões equivocadas, ainda que sem a intenção de nos induzir ao erro. Uma delas é a fome por calorias. Quando se sente esgotado, o corpo demanda energia, e o jeito mais rápido que ele conhece de encontrar energia é consumindo carboidrato na forma de açúcar.

De forma geral, o carboidrato refinado, presente em balas, biscoitos, chocolates e outros alimentos é rapidamente metabolizado e logo vira glicose, uma fonte de energia para o organismo. Na metabolização da glicose, há um aumento súbito dos níveis de açúcar no sangue, e esse pico de energia afasta a sensação de cansaço, dando até certo ânimo.

Na época do banco, eu passava no Dunkin' Donuts e comprava aquelas rosquinhas bem recheadas e um litro (sim, LITRO) de Coca-Cola normal (não era nem a versão light ou diet). Isso ficava na minha mesa o dia inteira, e eu beliscava sempre que me sentia fatigada, ou quando achava que merecia um agrado pela minha dedicação.

Pessoas fatigadas buscam no alimento uma fonte de energia. Um docinho, um chocolate, um cookie se tornam recursos que as ajudam a atravessar outro dia de trabalho, se arrastando da cama para o escritório, e do escritório de volta para a cama. Mas, no fim das contas, a fome produzida pelo cansaço e alimentada por doces acaba consumindo nossa própria saúde.

Como o carboidrato da rosquinha recheada ou do copo de Coca-Cola é metabolizado rapidamente, o pico de açúcar dura pouco tempo. Logo o nível de glicose diminui no sangue. Se a queda for muito brusca, o corpo entra em um estado de hipoglicemia, no qual o nível de açúcar no sangue fica abaixo do normal. Isso pode levar o corpo a sentir fraqueza, tontura, tremores, irritação, dificuldade de concentração e, obviamente, fome súbita. Esse sobe e desce do açúcar no sangue pode gerar um padrão de fome aleatório, que nos faz consumir mais carboidratos refinados para recuperar a energia rapidamente, perpetuando o ciclo de cansaço-fome-açúcar-cansaço.

E quantos de nós não cede aos desejos do corpo com um pensamento na mente: "Eu estou trabalhando muito, estou cansado, eu mereço"? Na verdade, mal sabe você que não está dando um presente para o seu corpo, mas uma punição. Está contribuindo para seu próprio cansaço.

Jejum

Além do sono, há um "descanso" especial que podemos oferecer ao nosso corpo: o jejum. Não falo necessariamente do jejum com objetivos espirituais, mas o jejum simples, de ficar algum tempo sem comer. Muita gente relata que ao fazer jejum intermitente, por exemplo, sente mais disposição e energia para treinar.

No jejum, nosso corpo é levado a trabalhar de forma diferente para obter energia, e esses caminhos alternativos trazem diversos benefícios ao organismo. Pesquisadores têm salientado melhorias em casos de obesidade, diabetes mellitus, doenças cardiovasculares, câncer e disfunções neurológicas.

Em pessoas que não possuem questões de saúde, o jejum melhorou a regulação da glicose, pressão sanguínea, frequência cardíaca, resistência física e perda de gordura abdominal.

Basicamente, o jejum — em específico, o jejum intermitente, e alterna entre períodos de jejum e períodos de alimentação — melhora a forma do corpo controlar o açúcar no sangue, aumentando a resistência ao estresse e diminuindo as inflamações. Quando nos alimentamos, as células se dedicam ao crescimento e a processos específicos de adaptação do tecido. Quando jejuamos, nossas células ativam caminhos que fortalecem as defesas naturais contra o estresse oxidativo e metabólico, além de remover ou reparar moléculas danificadas.[29]

De forma geral, nosso perfil de alimentação, que consiste de três grandes refeições por dia e muitos lanchinhos entre elas, não permite que se tenha um jejum prolongado que permita ao corpo desfrutar de todos esses benefícios. Por isso, a abstenção voluntária de alimento, durante um período controlado, pode dar ao corpo um "descanso" nas tarefas diárias para se dedicar a outras ações que nos trarão saúde.

É importante notar que os benefícios do jejum podem variar de acordo com o indivíduo, e é essencial abordá-lo de maneira cuidadosa e, preferencialmente, sob orientação de um profissional de saúde.

DORMINDO PARA SE EXERCITAR

O descanso físico, especialmente o sono, desempenha um papel crucial na saúde da musculatura.

Quando nos exercitamos, especialmente em atividades de alta intensidade ou resistência, ocorre um processo chamado de *catabolismo muscular*. Nele, as fibras musculares sofrem pequenas lesões ou danos. Isso é natural e até desejado: ao se recuperarem dessas microlesões, os músculos se regeneram mais fortes e maiores do que antes. Esse ciclo de dano e reparo, com alimentação e descanso adequados, leva ao crescimento muscular e ao aumento da força ao longo do tempo.

Um dos hormônios essenciais ao reparo dos músculos é o *hormônio do crescimento* (GH), que é essencial para reparar os músculos após durante o exercício. O GH também é importante na regulação da glicose, na lipólise (quebra da gordura armazenada no corpo) e na produção da proteína, vital para reparar tecidos e produzir enzimas e hormônios.

Nosso corpo produz e libera GH ao longo do dia, mas essa liberação se intensifica durante o sono. Assim, um sono de má qualidade pode comprometer o ganho de músculos e até mesmo impedir que os ossos se recuperem do estresse sofrido ao longo do dia.[30]

PARA COMPARTILHAR

> É importante notar que os benefícios do jejum podem variar de acordo com o indivíduo, e é essencial abordá-lo de maneira cuidadosa e, preferencialmente, sob orientação de um profissional de saúde.

O sono é essencial na composição da saúde do corpo, tão importante quanto o exercício físico e a nutrição. Para promover a saúde muscular e otimizar o desempenho físico, é crucial priorizar um sono de qualidade.

VOCÊ TEM DORMIDO BEM?

A modernidade, com todas as suas luzes e apelos que exercem atração sobre nós, requer da nossa geração mais consciência e intenção para cuidar do momento do descanso. Muitos se sentem exaustos, mas não conseguem dormir.

Como foi dito, dormir bem não significa dormir muito. Pesquisas têm mostrado que as pessoas têm necessidades de sono diferentes, e uma mesma pessoa muda seus hábitos de sono ao longo da vida. Bebês recém-nascidos precisam de 14 a 17 horas de sono por dia, mas quando a criança faz 1 ano, dormir 12 horas já pode ser o bastante. Para adultos de 24 a 64 anos, os números variar entre 6 a 10 horas de sono por noite.

Mais do que números, o importante é determinar a qualidade do seu sono. Estes são alguns sinais de que você não está dormindo o suficiente:

- Você acorda durante a noite por estresse ou um sonho ruim.
- Você dorme com frequência fora do horário e ainda está muito sonolento quando desperta.
- Você fica facilmente irritável.
- Você está ganhando peso mesmo se alimentando adequadamente e praticando atividade física.
- Você tem sonolência diurna.[31]

Para algumas pessoas, dormir bem pode ser mais desafiador do que comer bem ou se exercitar. Para estas, o sono também deverá passar por um processo de reeducação, que envolve o que se tornou conhecido como *higiene do sono*.

A higiene do sono funciona como uma reeducação alimentar: você detecta o que tem interferido no seu descanso e elimina esse componente, fazendo ajustes na rotina e estilo de vida para que dormir bem seja uma prioridade. De forma geral, a higiene do sono envolve os seguintes cuidados:

1. *Tenha uma rotina de sono.* Tudo o que fazemos repetidamente condiciona nosso corpo. Quando você dorme e acorda sempre no mesmo horário, seu ciclo circadiano fica ajustado, e mesmo nos fins de semana, quando não precisa acordar mais cedo, seu corpo talvez desperte no mesmo horário dos dias de semana. Por outro lado, quando você não tem hora para acordar e dormir — ou quando seus horários no fim de semana são desregulados —, isso dessincroniza seu relógio biológico.[32]
2. *Diminua os estímulos antes de dormir.* Em 2015 foi feito um estudo sobre sono com cerca de 700 seringueiros na Reserva Extrativista Chico Mendes, em Xapuri, AC. Os participantes do estudo viviam em condições semelhantes e tinham origens étnicas parecidas. Eles foram divididos em dois grupos: um tinha acesso à eletricidade em casa, o outro, não. Os pesquisadores constataram que, nas pessoas do grupo com acesso à energia elétrica, o ciclo da melatonina demorou mais para começar, e eles dormiram, em média 30 minutos a menos por dia do que o grupo sem eletricidade.[33] É claro que não vamos retroceder e banir a energia elétrica da nossa vida para dormir mais; porém, é saudável reduzir o uso de celular, tablet

e televisão à noite. Priorizar ambientes mais escuros em casa, perto da hora de dormir, pode ajudar na qualidade do sono.
3. *Cuide dos exercícios.* Como vimos, uma boa noite de sono ajuda no rendimento da atividade física. Da mesma forma, fazer atividades físicas ao longo do dia melhoram a qualidade do sono.[34] Atividades físicas aumentam a temperatura corporal, regulando nosso "termômetro interno", e isso facilita o sono: para dormir bem, nosso corpo precisa estar mais frio. Além disso, o exercício melhora do humor e relaxa a mente, facilitando o sono.[35] A única restrição é fazer o exercício perto da hora de dormir; como vimos no capítulo anterior, o exercício libera hormônios que estimulam o cérebro.

Proteja e valorize seu descanso. Ele é sagrado, pois "abençoou Deus o sétimo dia e o santificou" (Gênesis 2:3). Precisamos voltar ao básico, às origens estabelecidas por Deus no Éden, onde havia tempo para tudo.

Em nossos dias, "tempo é dinheiro", como se diz, e espremos cada minuto para sermos mais e mais produtivos. Na sociedade do cansaço, tão distante do Jardim do descanso, somos impelidos a melhorar nosso desempenho em todas as áreas da vida, sem sabedoria nem equilíbrio. Como resultado, nossa sociedade contemporânea é marcada por doenças relacionadas ao excesso de trabalho e ao estresse. A Bíblia considera isso um absurdo:

> Que proveito tem um homem de todo o esforço e de toda a ansiedade com que trabalha debaixo do sol? Durante toda a sua vida, seu trabalho é pura dor e tristeza; mesmo à noite a sua mente

PARA COMPARTILHAR

> "Nosso trabalho e nosso descanso serão bem-sucedidos e fontes de saúde quando forem vividos dentro dos ritmos que o sábio Deus Criador estabeleceu para a humanidade. No fim, é Ele quem realmente cuida de nós."

não descansa. Isso também é absurdo (Eclesiastes 2:22-23).

Nosso trabalho e nosso descanso serão bem-sucedidos e fontes de saúde quando forem vividos dentro dos ritmos que o sábio Deus Criador estabeleceu para a humanidade. No fim, é Ele quem realmente cuida de nós.

> É inútil trabalhar tanto,
> desde a madrugada até tarde da noite,
> e se preocupar em conseguir o alimento,
> pois Deus cuida de seus
>   amados enquanto dormem
>   (Salmos 127:2, NVT).

PENSE COMIGO

1. Que nota você dá ao seu sono? Você sente que tem dormido o suficiente?

2. Como são seus ritmos de exercício e descanso semanal? Você sente que o tempo de que dispõe para desfrutar Deus e o fruto do seu trabalho é suficiente?

5 Conclusão:
O CORPO TRANSFORMADO

Começamos essa parte com uma pergunta provocativa: Como seria seu corpo se você pudesse transformá-lo? Depois de tudo o que conversamos sobre nutrição, movimento e descanso do corpo, quero mudar a pergunta:

O que você vai alterar em sua rotina para levar seu corpo à transformação que você deseja viver?

Nossas grandes transformações nascem de pequenas escolhas. Mudanças diárias, hábitos que são construídos pouco a pouco. É verdade que há os grandes passos: matricular-se em uma academia, cortar um alimento que inflama seu corpo, ficar sem o celular quando se deita para dormir. No entanto, o grande passo não muda tudo. Ele precisa ser dado de novo e de novo, dia a dia, noite a noite. Até que ele vira um passo pequeno e se torna um hábito. Algo que você nem lembra que um dia viveu sem.

Transformação é isto: sair do estado em que você se encontra, e percorrer todo o caminho necessário, com suas dificuldades e dores, para se tornar uma pessoa melhor. A pessoa que Deus criou você para ser.

O processo de transformação não é simples. Exige coragem e determinação para vencer os desafios, os velhos hábitos e crenças. Mas você deve se lembrar que as únicas limitações que existem são aquelas que você mesmo se impõe ou se impôs. Por isso voltamos ao básico: no Jardim de Deus, quem estabeleceu os limites foi Ele. E Ele o fez para o nosso crescimento, não para nossa prisão.

Voltar ao Jardim de Deus é sair do conforto da prisão que construímos para nós mesmos em nossa mente. Na próxima seção deste livro, vamos explorar como transformamos a mente, levando-a de volta para a liberdade que ela foi projetada para desfrutar.

> Foi para a liberdade que Cristo nos libertou. Portanto, permaneçam firmes e não se deixem submeter novamente a um jugo de escravidão (Gálatas 5:1).

> O que você vai alterar em sua rotina para levar seu corpo à transformação que você deseja viver?

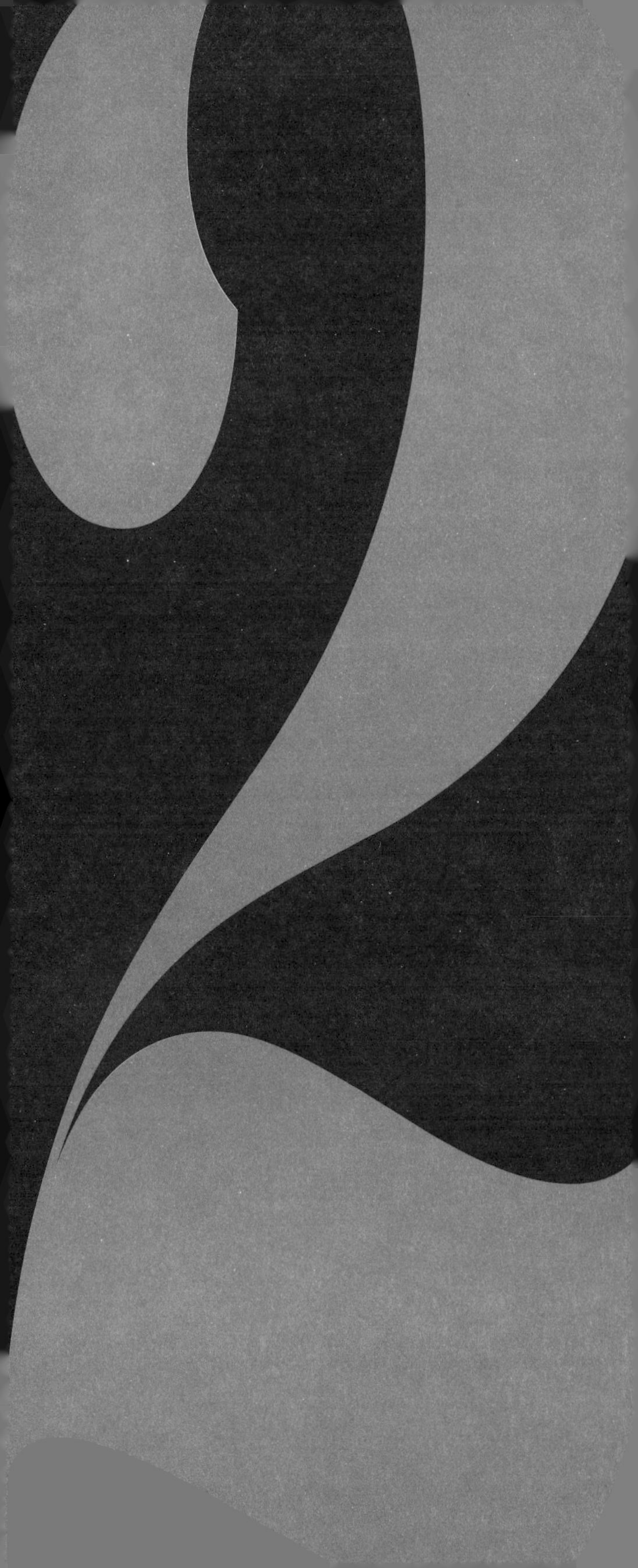

MENTE

Mens sana

(Mente sā)

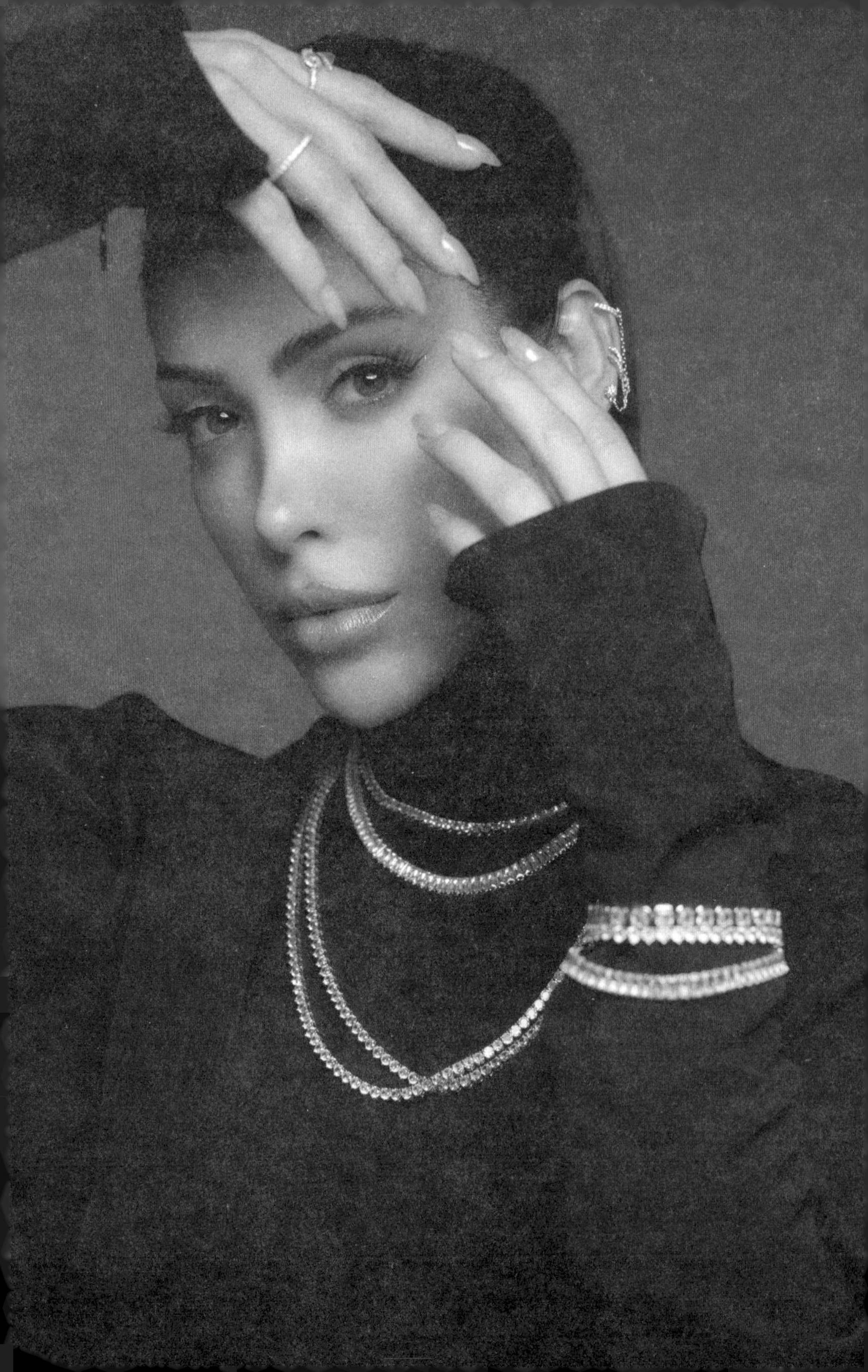

6 A TRANSFORMAÇÃO DA MENTE

Repensando seus compromissos

O que tem ocupado a sua mente?
Você já se deu conta do quanto as coisas que estão em sua mente influenciam seu corpo e também seu espírito? Nós, seres humanos, existimos em uma totalidade. Ainda que falemos de corpo, mente e espírito, não é possível separar essas diferentes esferas de nossa vida. Não existe uma pessoa que não tenha corpo, ou que não possua espírito ou uma mente. Nossa humanidade é definida por essa tríade.

Alguns teólogos especulam que essa tríade é um reflexo do nosso Criador, que é um ser trino: Pai, Filho e Espírito, vivendo em perfeita harmonia. Porque fomos criados à imagem e semelhança desse Deus, esses teólogos dizem que também teríamos uma natureza trina, composta de corpo físico (a parte material), alma (consciência do mundo) e espírito (natureza espiritual, semelhante à de Deus).[36]

Embora isso não passe de especulação, nos ensina que precisamos cultivar harmonia interna para que todas as partes do nosso ser experimentem a plenitude para a qual foram criadas. Isso, é claro, envolve cuidar integralmente de todas elas. Se o seu corpo não está bem, seguramente isso irá refletir na sua saúde mental. E se a sua saúde mental não anda bem, consequentemente seu espírito e seu corpo também se sentirão doentes.

A Bíblia deixa muito claro como uma esfera da nossa existência pode afetar as outras. Vemos isso, por exemplo, no episódio do pecado de Davi, quando ele tomou para si Bate-Seba, esposa de seu vizinho Urias, e depois mandou matar Urias para encobrir a gravidez de Bate-Seba. Depois que a criança desse adultério nasceu, Deus enviou o profeta Natã até Davi para confrontá-lo em seu pecado. Durante toda a gestação, Davi não tocou no assunto, seguiu a vida como se nada tivesse acontecido e não se arrependeu do que havia feito. No entanto, esse pecado escondido afligiu seu espírito, afetando até sua saúde física:

> Enquanto eu mantinha escondidos os meus pecados,
> o meu corpo definhava de tanto gemer.
> Pois dia e noite
> a tua mão pesava sobre mim;
> minhas forças foram-se esgotando
> como em tempo de seca
> (Salmos 32:3-4).

Outro caso foi o do profeta Elias, que comentei na introdução deste livro. Elias ficou com a mente abalada por causa das ameaças da rainha Jezabel. Essa aflição mental afetou seu espírito. Ele era um profeta ousado em nome do Senhor, mas, com as emoções afetadas, a única oração que Elias conseguiu fazer foi um pedido pelo fim de sua vida (1Reis 19:4).

Só podemos ser verdadeiramente saudáveis quando cuidamos de nossa existência como um todo. Se você descuida de um aspecto, na verdade, está descuidando de todos.

Na época em que eu trabalhei no Banco do Brasil, a falta de movimento e de alimentação adequada se refletiu na minha mente. O diagnóstico de gordura no fígado me fez ir direto para a academia. Mas apesar de eu estar convencida da importância de treinar, não foi fácil me levantar de madrugada e ir para a academia. Lembro-me de que na primeira manhã, exausta e morrendo de sono, eu praticamente chorei por estar fazendo aquilo comigo mesma. Eu estava em conflito entre o que eu sabia que era bom (treinar) e o que eu queria fazer (continuar dormindo). Só consegui vencer essa disputa comigo mesma fortalecendo a minha mente.

A MENTE HUMANA SEGUNDO O CRIADOR

Deus nos criou perfeitamente funcionais; corpo, mente e espírito refletiam em harmonia a imagem do Criador:

> Então disse Deus: "Façamos o homem à nossa imagem, conforme a nossa semelhança. Domine ele sobre os peixes do mar, sobre as aves do céu, sobre os grandes animais de toda a terra e sobre todos os pequenos animais que se movem rente ao chão".

> Criou Deus o homem à sua imagem,
> à imagem de Deus o criou;
> homem e mulher os criou
> (Gênesis 1:26-27).

Embora "imagem" e "semelhança" sejam sinônimos e se complementem nesse verso, os teólogos entendem que cada palavra fala de um aspecto diferente da nossa criação. "Imagem" diz respeito a refletirmos Deus em termos mental, moral e espiritual.[37] Somos sua imagem pois Ele nos fez criaturas racionais e moralmente responsáveis. A palavra "semelhança", por outro lado, fala da harmonia entre o desejo humano com a vontade de Deus, algo que se perdeu com a Queda.[38]

Não somos imagem de Deus num sentido físico, pois Ele não tem corpo e é invisível (1João 4:12). Assim, não é nosso corpo que carrega essa imagem, mas nossa mente e nosso espírito.

Em geral, "mente" está associada à nossa capacidade intelectual, ao raciocínio e pensamento lógico. É a parte que "sabe". A parte que "quer", por outro lado, chamamos de "coração". A Bíblia, no entanto, não faz essa divisão: ela chama de "coração" o núcleo que governa tanto a vontade como o intelecto, tanto pensamentos como sentimentos.

Em hebraico, esse núcleo é chamado de *lev*, que se traduz em português como "coração". Um versículo que exemplifica o sentido de *lev* é este:

> Acima de tudo, guarde o seu *coração*,
> pois dele depende toda a sua vida
> (Provérbios 4:23).

O pastor Timothy Keller, comentando esse versículo, explica que, na Bíblia, o coração é o trono de nossos compromissos mais fundamentais, das esperanças e crenças mais íntimas. É lá que estão as coisas que acreditamos serem necessárias para vivermos de maneira plena. Meu coração diz o que eu devo *ser*, *ter* e *fazer* para viver feliz.[39]

Jesus diz que o nosso coração está naquilo que consideramos nosso tesouro (Mateus 6:21). Ou, falando de outra forma, nosso tesouro se torna aquilo em que nosso coração pensa, o que ele deseja e admira. Por isso, aquilo em que nosso coração crê afeta toda a nossa vida, como diz o provérbio. Aquilo com que nosso coração se compromete, iremos achar razoável. Bonito. Prático. Possível. Encontraremos meios de alcançar e concretizar. É nessa direção que vamos mobilizar nossos recursos, esforços, tempo, energia. É isso que iremos amar com toda a nossa alma, todas as nossas forças e todo o nosso entendimento.

A grande questão é: Com o que seu coração está comprometido?

Todos nós nos comprometemos com alguma coisa, ainda que não nos demos conta disso. É da natureza humana se comprometer, e não existe meio termo. Como disse Jesus: "Aquele que não está comigo, está contra mim; e aquele que comigo não ajunta, espalha" (Mateus 30:12).

Todos os dias, assumimos compromissos com as mais diversas causas: com a saúde, com Deus, com o lazer, com a comida, com o trabalho, com o treino. Esses compromissos nos movem a superar obstáculos, a encontrar tempo, a tomar decisões radicais, a assumir riscos. Aquilo com que nos comprometemos se torna a prioridade de nossa vida. Quando as pessoas dizem que é difícil ser saudável, na verdade, elas não estão comprometidas com isso. Para elas, existem coisas mais valiosas que cuidar da saúde, ainda que isso não seja consciente.

Quando você deseja experimentar uma transformação, é inevitável que tenha que se desfazer de alguns compromissos para assumir outros. Em algum momento, você vai se ver no mesmo dilema que eu: por um lado, o compromisso com a saúde, por outro, o compromisso com o sono. Eu tive que fazer uma escolha. Você terá de escolher também.

A MUDANÇA DE MENTE

Geralmente damos um passo rumo à transformação quando algo nos incomoda. Se tudo está bem, por que arrumar dor de cabeça? Ninguém reforma uma casa se gosta dela do jeito que está. Mas quando você se incomoda, muda a disposições dos móveis, a cor das paredes, cortinas, lustres, enfeites na geladeira, pendura novos quadros, compra novos artigos de decoração, entre outras coisas. Se o incômodo for grande, você até encara toda a canseira de fazer uma reforma. Você mexe até com as estruturas, se for necessário, para que as coisas fiquem do jeito que você quer. Essa é a força do nosso coração: quando algo entra na sua lista de prioridades, ele vai dar um jeito de alcançá-lo.

As transformações que desejamos experimentar em nosso ser passam pelo mesmo processo. Nascem de um incômodo, mas precisam se tornar compromissos em nosso coração antes de se tornarem realidades em nossa existência.

E como fazer isso? Como "transplantar" um compromisso novo para o nosso coração?

A Bíblia chama esse processo de *metanoia*. Embora seja traduzida geralmente como "arrependimento", seu sentido é mais profundo. Ela indica *mudança de mente*, ou *mudança do homem interior*. Você muda sua mente quando deixa de se comprometer com em alguma coisa específica e passa a crer em outra.

PARA COMPARTILHAR

> "As transformações que desejamos experimentar em nosso ser passam pelo mesmo processo. Nascem de um incômodo, mas precisam se tornar compromissos em nosso coração antes de se tornarem realidades em nossa existência."

Isso geralmente acontece quando suas crenças são confrontadas uma a uma, quando meias-verdades, mentiras ou enganos são quebrados mediante uma transformação que acontece de dentro para fora. Você abandona as velhas alianças e adota novas ideias que afetam principalmente sua maneira de enxergar a vida e a forma com que você se comporta diante dela.

Para alcançar esse nível de transformação, é necessário ter presença, intenção, frequência, comprometimento e, sobretudo, vontade de realmente mudar.

Talvez você não tenha mudado até hoje porque sabe que, assim que ganhar consciência do que está prestes a acontecer, vai sofrer para manter seu novo compromisso.

De fato, não há mudança sem que haja dor. Não há mudança sem que haja ruptura com a zona de conforto. É um processo que custa muitas renúncias, porém, nada é tão difícil assim. As pessoas têm o costume de sabotar a si mesmas, pois sabem que ter consciência de si próprio sempre causa desconfortos. É mais fácil produzir desculpas do que dizer a verdade para você mesmo.

Infelizmente, muitas pessoas só viram a chave quando elas não têm mais alternativa. É apenas quando o médico diz "Só atividade física vai reverter o seu quadro" ou "Você vai ter que mudar sua dieta se quiser ver seus filhos crescerem" é que as pessoas se sentem estimuladas — ou será que se sentem obrigadas? — a adotar novas atitudes.

Mas não é preciso chegar a esse ponto. Quando estamos bem, a mudança flui melhor. Você já experimentou cozinhar quando está com fome? Dirigir quando está atrasado? Parece que tudo conspira contra você. Mas quando as coisas estão bem, quando você não está precisando urgentemente do almoço ou de chegar no horário, o próprio processo se torna muito agradável.

O SEGREDO DA MENTE FORTE

O exemplo do apóstolo Paulo me inspira muito. Quando olho para ele, vejo uma pessoa com uma mente muito forte. Se Paulo fosse fazer uma dieta, ele seria extremamente bem-sucedido.

Em seu ministério, o apóstolo Paulo atravessou todo tipo de adversidade:

> Fui encarcerado mais vezes, fui açoitado mais severamente e exposto à morte repetidas vezes. Cinco vezes recebi dos judeus trinta e nove açoites. Três vezes fui golpeado com varas, uma vez apedrejado, três vezes sofri naufrágio, passei uma noite e um dia exposto à fúria do mar. Estive continuamente viajando de uma parte a outra, enfrentei perigos nos rios, perigos de assaltantes, perigos dos meus compatriotas, perigos dos gentios; perigos na cidade, perigos no deserto, perigos no mar, e perigos dos falsos irmãos. Trabalhei arduamente; muitas vezes fiquei sem dormir, passei fome e sede, e muitas vezes fiquei em jejum; suportei frio e nudez. Além disso, enfrento diariamente uma pressão interior, a saber, a minha preocupação com todas as igrejas (2Coríntios 11:23-29).

Apesar de tudo isso, ele não desistiu do seu ministério. Qual era o segredo de Paulo?

Acredito que Paulo tinha uma mente altamente treinada para não perder o foco. Ele constantemente se recordava dos seus objetivos. Ele tinha diante de si a imagem daquilo pelo que tanto se esforçava:

> Não estou dizendo que já obtive tudo isso, que já alcancei a perfeição. Mas prossigo a fim de conquistar essa perfeição para a qual Cristo Jesus me conquistou. Não, irmãos, não a alcancei, *mas concentro todos os meus esforços nisto: esquecendo-me do passado e olhando para o que está adiante, prossigo para o final da corrida,* a fim de receber o prêmio celestial para o qual Deus nos chama em Cristo Jesus (Filipenses 3:12-14).

Paulo não concentrava os seus esforços em reclamar da vida, em dizer o quanto era difícil fazer o que havia se proposto a fazer. Em vez de perder energia com isso, ele se concentrava no seu objetivo: o prêmio celestial de Deus. Como vimos no capítulo 3, ele disciplinava seu corpo para alcançar o que já era realidade em sua mente.

E você, quais são seus objetivos? Você tem claro, em sua mente, o que deseja viver?

Não somos diferentes de Paulo em termos de ferramentas e recursos humanos. Possuímos a mesma mente. Podemos nos treinar a ter a mesma tenacidade, o mesmo foco. A questão é descobrir algo pelo qual vale a pena viver. Paulo não simplesmente existia, se arrastando de um dia para o outro. Ele também não desistia diante dos obstáculos e das dificuldades, que eram enormes em seu ministério. Ele se levantava e seguia adiante, como bem mostra este episódio:

> Então alguns judeus chegaram de Antioquia e de Icônio e mudaram o ânimo das multidões. Apedrejaram Paulo e o arrastaram para fora da cidade, pensando que estivesse morto. Mas quando os discípulos se ajuntaram em volta de Paulo, ele se levantou e voltou à cidade (Atos 14:19-20).

Paulo estava tão ferido que parecia morto. Mas ele se levantou e voltou para a cidade onde estavam as pessoas que queriam matá-lo! É isso que eu chamo de foco. Quantas vezes desistimos por motivos tão mesquinhos?

Hoje, podemos dizer que o ministério de Paulo foi bem-sucedido. Seus escritos deram à fé cristã boa parte dos contornos que ela tem hoje, ao ponto de alguns dizerem que ele foi o verdadeiro fundador do cristianismo. Certamente Deus abençoou e fez prosperar o trabalho desse apóstolo, mas Paulo também fez por onde. Ele trabalhou arduamente, como disse na carta aos coríntios, e não poupou esforços para alcançar seus objetivos.

Quando colocamos um propósito diante de nós e, depois, colocamos esse propósito de Deus, somos guiados e abençoados pelo Senhor (cf. Pv 3:5-6). Mesmo assim, os resultados não acontecem milagrosamente. Nós colhemos o que plantamos. Cada um merece os benefícios que obtém porque sabe o quanto se esforçou para isso.

Não reclame dos resultados que você não tem em função dos esforços que você não fez. Convença-se a si mesmo de que a transformação vale a pena. Anteveja os resultados, e isso vai motivar você a superar qualquer desafio que aparecer.

PENSE COMIGO

1. Quais são os pensamentos que mais ocupam a sua mente? Com o que você "sonha acordado"?

2. Quais são os seus objetivos? Como seria a vida que você sempre quis ter?

7
A NUTRIÇÃO DA MENTE

O que ocupa o nosso pensamento

O que você tem estocado na despensa do seu coração?
No capítulo anterior, vimos as "fontes da vida" procedem do coração (Provérbios 4:23). A "vida", aqui, não tem o sentido de antônimo de "morte", mas de uma vitalidade espiritual que transborda por toda a existência de uma pessoa, à medida que seu coração se abre para a verdade e a assimila.[40] Isso está alinhado com o ensino de Jesus, que diz:

> O homem bom tira coisas boas do bom tesouro que está em seu coração, e o homem mau tira coisas más do mal que está em seu coração, porque a sua boca fala do que está cheio o coração (Lucas 6:45).

Ou seja, o que nos dá vitalidade interior provém do nosso próprio coração, da nossa própria mente.

Imagine, então, que dentro de você existe uma despensa, cheia de prateleiras, e nessas prateleiras estão armazenados os alimentos da sua mente. Como vimos na primeira parte deste livro, dos alimentos vêm os nutrientes que dão energia e saúde para o corpo, no caso de uma dieta equilibrada. Se a dieta for desequilibrada, os alimentos serão fonte de cansaço e doenças.

Da mesma forma, essa despensa que há dentro de você provê alimento para a sua mente, e, dependendo da qualidade desse alimento, você pode experimentar saúde ou doença, vitalidade ou fadiga.

Que alimento é esse? Basicamente, são nossos *pensamentos* e nossas *emoções*.

EMOÇÕES DESORDENADAS

Lidar com as próprias emoções é uma tarefa difícil. Ninguém nasce preparado para lidar com perdas, com cobranças e com as frustrações que a vida inevitavelmente traz.

Ter sentimentos faz parte de nossa humanidade, mas também transcende a isso: temos sentimentos devido ao fato de nosso Criador também ser dotado de sentimentos. No entanto, esses sentimentos divinos são experimentados e expressados de uma forma infinitamente superior à nossa, pois Deus é infinitamente superior à sua criação.

Deus é perfeito, e nos criou perfeitos. Em sua presença, não tínhamos medo, vergonha nem culpa. Nossos sentimentos estavam perfeitamente alinhados com o propósito de Deus. Tudo de que a humanidade precisava para ser feliz estava bem diante de si: uma relação perfeita com Deus.

Quando nossos primeiros pais se rebelaram contra Deus, ao pecar, nenhuma área da existência humana sobreviveu à Queda.

O que antes era experimentado em estado de inocência, tornou-se culpa, vergonha, tristeza, ira descomedida e tantos outros sentimentos desprazerosos que bem conhecemos.

Um problema teológico resultou em um problema psicológico nos seres humanos. O que antes refletia a perfeita imagem de Deus e seus atributos comunicáveis, se tornou como um caminhão desgovernado, sem freio, descendo ladeira abaixo.

Nossos sentimentos e pensamentos se influenciam mutuamente. Sentimentos descontrolados geram pensamentos desgovernados. O rei Saul pode ser citado como exemplo. Depois que ele desobedeceu a Deus, o Senhor escolheu Davi para reinar em seu lugar e, com isso, concedeu diversas vitórias militares a Davi. A Bíblia diz que Saul "olhava com inveja para Davi" (1Samuel 18:9). Esse sentimento nutriu o coração e a mente de Saul de tal forma que progrediu para medo (v. 12, 15, 29) que se concretizou em diversas tentativas de assassinar Davi. O ódio de Saul se retroalimentava de tal forma que, em sua cegueira e medo de Davi, ele ordenou uma chacina na cidade de Nobe, que havia acolhido Davi enquanto este fugia de Saul. A matança de Saul se estendeu até sobre os animais da cidade (1Samuel 22:6-19). Ele só parou de perseguir Davi quando ele ficou fora do seu alcance, vivendo em terras inimigas (1Samuel 27:4).

Temos de controlar nossas emoções. Isso não significa não sentir nada. Emoções se chamam "sentimentos" porque nós as sentimos, muitas vezes, com ocorrências físicas: aumento da temperatura, queda de pressão, sudorese, elevação dos batimentos cardíacos. Não podemos evitar o *sentir*. O que está em nossas mãos é o permitir que emoções ruins habitem em nós alimentem nossos pensamentos e governem nossa vida. Quando Paulo diz: "Quando vocês ficarem irados, não pequem" (Efésios 4:26), está implícito que *sentiremos* a ira, mas podemos não agir governados por ela. Da mesma forma, como um exemplo positivo, ele ordena: "Alegrem-se sempre no Senhor" (Filipenses 4:4), demonstrando que podemos nos esforçar para fazer surgir em nosso coração um sentimento apropriado e altamente nutritivo!

DETOX EMOCIONAL

Como controlar nossas emoções? Deixo a seguir duas dicas práticas.

Não ignore suas emoções; identifique-as

Dê nome ao que você está sentindo, e seja sincero. Se a sensação é "inveja", então diga: "Estou com inveja de Fulano", em vez de racionalizar a emoção e dar apelidos. Você tem que ser melhor que as desculpas que inventa. Se é raiva, é raiva. Se é medo, é medo. Apenas quando identificamos nossas emoções é que encontramos maneiras de controlá-las.

Muitas pessoas que não nomeiam nem tratam suas emoções buscam na alimentação a solução de suas ansiedades, angústias e medos. É como se a pessoa "comesse" as emoções. Chamamos isso de *fome emocional*: um apetite desencadeado na mente por alimentos calóricos, ricos em açúcar e gordura. Esse comportamento alimentar disfuncional costuma estar ligado a outros problemas psicológicos, como depressão, perturbação, ansiedade, problemas de autoestima e autoimagem corporal, entre outros.

A fome emocional tem atingido grande parte da população mundial e desencadeado não apenas autossabotagem e vícios, mas também compulsões alimentares. Quando ela se transforma em compulsão alimentar, é indispensável que a pessoa busque tratamento psicoterapêutico para tratar sua condição, prevenindo o

PARA COMPARTILHAR

> Temos de controlar nossas emoções. Isso não significa não sentir nada. [...] Não podemos evitar o *sentir*. O que está em nossas mãos é o permitir que emoções ruins habitem em nós, alimentem nossos pensamentos e governem nossa vida.

agravamento e desenvolvimento de outros problemas psicológicos, e de questões de saúde físicas correlacionadas à ingestão de alimentos não saudáveis.

Existe uma grande diferença entre buscar no alimento nutrientes essenciais para o corpo e buscar nele conforto, escape e recompensa. Muitos não conseguem ser saudáveis e experimentar uma transformação física justamente por não serem capazes de discernir suas emoções e buscarem na comida uma válvula de escape ou uma espécie de recompensa.

Renda-se ao Criador em obediência e submissão

Agir assim é fazer exatamente o contrário do que nossos primeiros pais fizeram, quando foram desobedientes, rebeldes e insubmissos a Deus.

Devido à nossa natureza pecaminosa, é impossível ajudar e salvar a nós mesmos sem a ajuda da Deus. Devemos nos render a Deus todos os dias, a fim de que Ele sonde o nosso coração e as nossas emoções, corrija os nossos sentimentos equivocados e nos revista de poder par combater o que nos desvirtua.

> Sonda-me, ó Deus,
> e conhece o meu coração;
> prova-me, e conhece as minhas
> inquietações.
> Vê se em minha conduta algo te ofende,
> e dirige-me pelo caminho eterno
> (Salmos 139:23-24).

Você não deve se apoiar em seu próprio entendimento, achando que sua compreensão de si mesmo é absoluta. Apenas o Senhor consegue ver verdadeiramente o que está em nosso coração e trazer isso à luz do nosso entendimento:

> O coração é mais enganoso
>   que qualquer outra coisa
> e sua doença é incurável.
> Quem é capaz de compreendê-lo?
> "Eu sou o Senhor
>   que sonda o coração
>   e examina a mente,
> para recompensar a cada um
>   de acordo com a sua conduta,
>   de acordo com as suas obras"
>   (Jeremias 17:9-10).

Busque a sabedoria e o discernimento que vêm do alto através da revelação especial de Deus, que são as Escrituras. Uma vez que nossos sentimentos foram afetados pelo pecado, não temos muito o que oferecer a nós mesmo além de uma visão embaçada e inclinada ao erro.

O QUE VOCÊ PENSA SOBRE SI MESMO?

Além das emoções, nossa mente e nosso coração também se nutrem com os nossos pensamentos. Como afirmei, as emoções influenciam os pensamentos, e os pensamentos influenciam as emoções. Saul foi um exemplo eloquente de como a relação simbiótica entre maus pensamentos e emoções doentes levam alguém à destruição.

Nossos pensamentos provêm de muitos lugares diferentes: de nós mesmos, do que os outros dizem a nosso respeito, do que vemos a respeito dos outros. Mas fomos criados para internalizar sobretudo os pensamentos que nosso Criador tem a nosso respeito.

O problema é que, ao longo da vida, vamos assimilando padrões culturais mundanos que alimentam nossa mente com qualquer coisa, menos o que Deus idealizou para nós. Ouvimos muito a opinião do mundo e pouco ouvimos a Deus.

E quem você é? Um filho amado do Pai perfeito, que o criou para um propósito que só você cumprirá. Ele está chamando você para esse lugar em que suas virtudes são transformadas em ferramentas que glorificam a ele e satisfaçam plenamente a você. Você foi criado à imagem e semelhança de um Deus que é bom e piedoso. Portanto, viver sua verdadeira identidade implica em ter pensamentos condizentes com essa posição que você ocupa aos olhos do Pai. Isso resultará em uma vida abundante, próspera e piedosa.

Adão e Eva colocaram tudo a perder em um ambiente perfeito porque falharam em agir conforme a identidade que Deus lhes havia dado. Assim, abriram espaço para a manipulação da serpente. Ao se esquecerem quem eram em Deus, nossos pais deram mais importância aos conselhos da serpente do que às palavras do Criador. As consequências foram desastrosas, como bem sabemos.

Isso se repete frequentemente na humanidade desde então: nós nos esquecemos de quem Deus é e de quem somos nele. Com isso, damos espaço para que o mundo defina nossa identidade: quem somos e o que devemos fazer. Desde os tempos passados até

PARA COMPARTILHAR

> "Nossos pensamentos provêm de muitos lugares diferentes: de nós mesmos, do que os outros dizem a nosso respeito, do que vemos a respeito dos outros. Mas fomos criados para internalizar sobretudo os pensamentos que nosso Criador tem a nosso respeito."

nossos dias, há uma voz que diz: "Você pode ser o que quiser". No ímpeto de viver essa liberdade momentânea, sacrificamos a liberdade eterna de sermos imagem e semelhança do Criador.

Jesus foi o ser humano perfeito também porque jamais se esqueceu ou duvidou de sua identidade de Filho amado de Deus. Seus pensamentos estiveram sempre alinhados a essa verdade fundamental. E essa convicção o conduziu durante sua tentação no deserto, quando Satanás questionou sua identidade como Filho de Deus.

> O tentador aproximou-se dele e disse: "Se és o Filho de Deus, manda que estas pedras se transformem em pães".
>
> Então o Diabo o levou à cidade santa, colocou-o na parte mais alta do templo e lhe disse: "Se és o Filho de Deus, joga-te daqui para baixo" (Mateus 4:3,5,6).

Antes da tentação no deserto, Jesus havia passado pelo batismo. Durante esse ritual, a identidade de Jesus como Filho de Deus foi manifestada:

> Assim que Jesus foi batizado, saiu da água. Naquele momento o céu se abriu, e ele viu o Espírito de Deus descendo como pomba e pousando sobre ele. Então uma voz dos céus disse: "Este é o meu Filho amado, em quem me agrado" (Mateus 3:16-17).

Naquela ocasião Jesus veio de Nazaré da Galileia e foi batizado por João no Jordão. Assim que saiu da água, Jesus viu o céu se abrindo, e o Espírito descendo como pomba sobre ele. Então veio dos céus uma voz: "Tu és o meu Filho amado; em ti me agrado" (Marcos 1:9-11).

E, enquanto ele estava orando, o céu se abriu e o Espírito Santo desceu sobre ele em forma corpórea, como pomba. Então veio do céu uma voz: "Tu és o meu Filho amado; em ti me agrado" (Lucas 4:21-22).

Então João deu o seguinte testemunho: "Eu vi o Espírito descer dos céus como pomba e permanecer sobre ele. Eu não o teria reconhecido, se aquele que me enviou para batizar com água não me tivesse dito: 'Aquele sobre quem você vir o Espírito descer e permanecer, esse é o que batiza com o Espírito Santo'. Eu vi e testifico que este é o Filho de Deus" (João 1:32-33).

Pelo Espírito de Deus em nós, possuímos a mesma identidade que Cristo: somos filhos de Deus (Romanos 8:14-16). Essa deve ser a bússola que norteia todos os seus pensamentos.

Quando você olha para si com os olhos de Deus, sua opinião a seu próprio respeito é equilibrada. Você não se dedica a conquistar a validação e a atenção de outras pessoas e, consequentemente, sofre menos. Você se torna menos carente e encontra estabilidade e força, mesmo quando as circunstâncias forem negativas ou incertas.

A consciência de ser um filho amado de Deus aumenta a autoestima, e faz você ter pensamentos mais positivos, ou seja, estará mais inclinado a acreditar que coisas boas estão por vir, porque seu Pai é bom. Com isso, você se sabotará menos: em vez de criar desculpas do porquê não ir atrás dos seus sonhos, terá mais motivação e foco para fazer isso.

Por outro lado, quando não temos uma consciência de quem somos em Cristo, nos tornamos vulneráveis à comparação.

A comparação pesa. Ela não nasceu no coração de Deus, pelo contrário, foi ao se comparar a Deus que Lúcifer, anjo de luz, perdeu eternamente seu posto (cf. Isaías 14:12-15; Ezequiel 18:12-17).

As redes sociais se tornaram, infelizmente, um fast-food de maus pensamentos. Por mais que todos saibam que a vida exibida nas vitrines digitais é irreal e editada, uma espécie de "universo paralelo" em que todo mundo é feliz, rico, sarado, fashion e influente, ainda assim, muitos se esforçam por essa vida de mentira e adoecem com os maus pensamentos que vêm dessa comparação absurda entre vida real e vida editada.

Nessa era de metaversos, a cada dia contemplamos mais o outro e menos a nós mesmos. Admiramos o outro e perdemos nossa essência. Fantasiamos quem o outro é enquanto nos frustramos com quem somos. Tudo nos incomoda, mas não é por culpa do outro: é por culpa da percepção deturpada que temos de nós mesmos e, consequentemente, do outro.

Antes da queda, a humanidade vivia em harmonia com Deus e um com o outro. A autoimagem e a "outroimagem" — a percepção que se tinha do próximo — passava pela imagem que se tinha de Deus, pois tanto o "eu" como o "outro" refletiam o Criador. Adão glorificou a Deus quando conheceu Eva ao perceber que ela era exatamente como ele: carne da sua carne, ossos dos seus ossos, criada também à imagem e semelhança de Deus, e não de Adão.

Depois da Queda a imagem de Deus em nós foi desfigurada. Tentamos nos criar à imagem dos outros, ou enquadrar os outros à nossa imagem. Perdemos o referencial, os planos do Criador para cada um, individualmente, e para a humanidade, coletivamente.

COMO ALIMENTAR BONS PENSAMENTOS

Esta orientação de Paulo aos filipenses pode ser tomada como o padrão ouro para alimentar bons pensamentos:

> Finalmente, irmãos, tudo o que é verdadeiro, tudo o que é nobre, tudo o que é correto, tudo o que é puro, tudo o que é amável, tudo o que é de boa fama, se há alguma virtude e se há algum louvor, nisso pensai (Filipenses 4:8).

Eu gostaria de resumir essa lista em uma expressão: "pensamentos positivos". Não me refiro a uma crença mística de "atrair boas vibrações", mas à crença de que nosso Pai é bom e tem boas coisas reservadas para seus filhos amados.

A psicologia tem analisado o efeito do pensamento positivo na capacidade de uma pessoa alcançar seus objetivos. Quando a pessoa tem dúvidas, ela geralmente não se esforça para conseguir o que quer. O pensamento positivo, por outro lado, lhe dá perseverança para se esforçar, mesmo quando as coisas ficam difíceis. Esse otimismo não é uma falsa crença de que "Eu consigo tudo", mas de que os outros, o destino, e até mesmo um Deus bondoso irão contribuir para o sucesso.[41]

Nós, cristãos, temos motivos de sobra para sermos otimistas e alimentar pensamentos positivos. Não cremos no destino, mas em um Deus bondoso que pode mobilizar outras pessoas para nos ajudar.

Muitas pessoas ficam estacionadas na vida porque, quando têm um sonho, pensam em tudo o que pode dar errado. Desanimam e não agem. Dizem: "Isso não é para mim", "Isso é difícil demais". Elas se sabotam antes mesmo de tentarem. São pessoas propensas a reclamar do que nunca alcançaram.

A Bíblia não garante que todos os nossos planos serão bem-sucedidos, mas ela afirma a existência de um Deus que é bom e que deseja tomar parte em nossos projetos:

> Confie no Senhor de todo o seu coração
> e não se apoie
> em seu próprio entendimento;
> reconheça o Senhor
> em todos os seus caminhos,
> e ele endireitará as suas veredas
> (Provérbios 3:6-8).

PARA COMPARTILHAR

> "Eu gostaria de resumir essa lista em uma expressão: "pensamentos positivos". Não me refiro a uma crença mística de "atrair boas vibrações", mas à crença de que nosso Pai é bom e tem boas coisas reservadas para seus filhos amados."

Se eu creio na bondade de Deus, por que pensar que meus sonhos irão por água abaixo? O que esse provérbio me ensina é que quando apresento a Deus os meus planos, Ele me orientará. Assim, pode ser que um plano ou outro, de fato, não se realize, mas em vez de isso me frustrar, me trará alegria, pois o que não aconteceu terá sido por direção divina, e não por boicote meu.

Vamos considerar três situações bíblicas que exemplificam isso.

Em Gênesis 11, lemos o relato da Torre de Babel. As pessoas tiveram a ideia megalomaníaca de "construir uma cidade, com uma torre que alcance os céus" (v. 4). Era um plano que ia totalmente contra a vontade de Deus. Quando criou o mundo, Deus disse: "Sejam férteis e multipliquem-se! Encham e subjuguem a terra!" (Gênesis 1:28), e repetiu essa mesma ordem depois do dilúvio (9:1). Mas aqueles habitantes de Sinear não desejavam isso: o objetivo deles era fazer uma cidade impressionantes para que ficassem famosos e não serem "espalhados pela face da terra" (v. 4). Segundo o pastor Hernandes Dias Lopes:

> O texto bíblico nos informa que os homens se uniram não para construir uma cidade e uma torre, mas para construir uma cidade e uma torre em rebelião contra Deus. Seus planos excluem Deus e estão em oposição a Ele, e tanto a torre quanto a cidade eram chamadas de Babel, o "portal dos deuses". Esse projeto odioso foi uma declaração de guerra a Deus, uma expressa rebelião contra o Altíssimo. Eles se unem não para cumprir o projeto divino, mas para substituir o plano de Deus pelos seus projetos. Além disso, querem banir Deus e se colocarem no centro da história, e não apenas se opõem a Deus, mas querem ser como Deus e até mesmo ocupar o lugar do Todo-poderoso.[42]

Como você deve saber, Deus "os dispersou dali por toda a terra, e pararam de construir a cidade" (v. 8). Quando os planos humanos são feitos para abertamente afrontarem a Deus, não existe pensamento positivo que os sustente. "Ele frustra os planos dos astutos, para que fracassem as mãos deles" (Jó 5:12).

A segunda história bíblica é de Davi, quando se propõe a construir uma casa para Deus.

> O rei Davi já morava em seu palácio e o SENHOR lhe dera descanso de todos os seus inimigos ao redor. Certo dia ele disse ao profeta Natã: "Aqui estou eu, morando num palácio de cedro, enquanto a arca de Deus permanece numa simples tenda" (2Samuel 7:1-2).

Deus, porém, não permitiu que Davi construísse o templo porque, disse Ele, "você matou muita gente e empreendeu muitas guerras. Por isso não construirá um templo em honra ao meu nome, pois derramou muito sangue na terra, diante de mim" (1Crônicas 22:8). Deus orientou o caminho de Davi, e lhe deu uma promessa: "Mas você terá um filho que será um homem de paz, e eu farei com que ele tenha paz com todos os inimigos ao redor dele. Seu nome será Salomão, e eu darei paz e tranquilidade a Israel durante o reinado dele. É ele que vai construir um templo em honra ao meu nome" (v. 9-10).

Não creio que Deus tenha frustrado o plano de Davi, mas reorientou. E Davi não ficou chateado com isso. Os versos de 2Samuel 7:18-29 trazem uma belíssima oração de Davi em resposta ao direcionamento de Deus. na sequência, lemos que

Davi se dedicou ao que sabia fazer de melhor — guerrear, e acumulou muitas vitórias militares. E em 1Crônicas 22, no fim da vida de Davi, lemos todos os preparativos que ele fez, ao longo dos anos, para que Salomão construísse o templo quando se tornasse rei.

A última história é de Neemias. Ele morava em Susã, capital do império persa, e era copeiro do rei Artaxerxes. Neemias viveu depois da época que os judeus foram levados cativos para a Babilônia, quando a terra de Judá foi invadida e incendiada pelos exércitos babilônicos. Depois de receber um relatório bem desanimador de um parente que havia estado em Jerusalém, nasce no coração de Neemias o desejo de voltar para a Judeia e reconstruir a cidade de Jerusalém.

No capítulo 1 de seu livro, lemos a oração que ele faz a Deus, pedindo o favor do rei. No capítulo seguinte, Neemias se apresenta a Artaxerxes e lhe faz o pedido que estava em seu coração.

> O rei me disse: "O que você gostaria de pedir?"
> Então orei ao Deus dos céus, e respondi ao rei: Se for do agrado do rei e se o seu servo puder contar com a sua benevolência, que ele me deixe ir à cidade onde meus pais estão enterrados, em Judá, para que eu possa reconstruí-la.
> Então o rei, estando presente a rainha, sentada ao seu lado, perguntou-me: "Quanto tempo levará a viagem?

> Quando você voltará?" Marquei um prazo com o rei, e ele concordou que eu fosse (Neemias 2;4-6).

Veja, nessa hora, Neemias faz uma rápida oração. Deus ouve o seu pedido, e o rei o libera para realizar seu sonho.

Podemos esperar boas coisas da parte de Deus quando temos o nosso coração, a nossa mente, alinhados aos seus princípios. E quando não estão alinhados, mas desejamos que o propósito de Deus prevaleça, ainda assim há motivos para bons pensamentos: Deus nos guiará à sua vontade.

Assim, não há espaço para pensamentos negativos na mente do cristão. Considere essas afirmações bíblicas a respeito da graça de Deus em nosso favor:

> Aquele que não poupou seu próprio Filho, mas o entregou por todos nós, como não nos dará juntamente com ele, e de graça, todas as coisas? (Romanos 8:32).

> Bendito seja o Deus e Pai de nosso Senhor Jesus Cristo, que nos abençoou com todas as bênçãos espirituais nas regiões celestiais em Cristo (Efésios 1:3).

"Ah, mas esses versículos estão falando de bênção espirituais, não da realização de sonhos." Exatamente. E que grande bênção espiritual é poder pensar *positivamente*, não é verdade?

Assim, "se Deus é por nós, quem será contra nós?" (Romanos 8:31). Se temos Deus ao nosso lado, nos instruindo, nos corrigindo, reorientando a nossa rota, por que perder tempo pensando que tudo vai dar errado? Aquilo que você se propuser a fazer, alinhando sua vontade à de Deus, certamente será bem-sucedido. Comece a pensar a partir dessa perspectiva, e veja se você não se animará a planejar coisas mais grandiosas.

PENSE COMIGO

1. Quais pensamentos e emoções que você tem não se parecem com o que os Evangelhos testemunham de Cristo Jesus?

2. Com quais emoções você tem mais dificuldade de lidar? De que forma elas afetam você?

3. Quais pensamentos geralmente ocupam a sua mente? De que forma você pode substituí-los por pensamentos positivos?

8
O MOVIMENTO DA MENTE

Desenvolvendo uma mente fortalecida

Você tem uma mente fortalecida?
Acredito que a força deve ser uma característica de nossa mente, não do nosso corpo. A mente fraca nunca vai ser capaz de trabalhar em busca de um corpo forte. Quando fortalecemos a mente, temos mais segurança para caminhar na direção daquilo que sonhamos.

A principal característica da mente fortalecida é o *autocontrole*. A Bíblia chama isso de *domínio próprio*. É uma característica treinável e ensinável, mas não é natural do ser humano. A Bíblia nos diz que o domínio próprio é parte do fruto que o Espírito Santo produz em nosso coração.

SENHORES DE SI MESMOS?

Domínio próprio não é um conceito cristão. Os gregos já tinham uma noção bem clara de autocontrole e consideravam essa a virtude mais importante. Todas as demais virtudes fluíam do domínio próprio. A palavra grega para "autocontrole" é *egkrateia*, uma junção de *ego* (eu) e *kratos* (domínio, poder, força). Significa, então, dominar a si mesmo. Quem exercesse domínio sobre seus sentimentos, seus apetites e suas vontades seria realmente livre e feliz. Quem dominasse a si mesmo não poderia ser dominado por mais nada nem ninguém. Obedeceria a um único senhor: seu próprio eu.

Mas se quando nos aprofundamos nessa ideia, ela tem algumas falhas. Quando você cede ao desejo de comer algo que sabe ser ruim, ou quando decide não fazer o que sabe ser bom, quem está controlando sua vontade? Não é você mesmo? Que "eu" é esse que um outro "eu" em nós tenta dominar?

A Bíblia tem uma resposta para isso. Ela também fala de domínio próprio, e usa a mesma palavra grega *egkrateia*, mas a abordagem dela é diferente.

Na Bíblia, o domínio próprio não é uma força de vontade que leva você a fazer ou não fazer determinada coisa. Ele é uma virtude que se desenvolve dentro de um pacote de outras virtudes, e todas elas compõem o que o apóstolo Paulo chama de *fruto do Espírito*.

> Mas o fruto do Espírito é amor, alegria, paz, paciência, amabilidade, bondade, fidelidade, mansidão e domínio próprio. Contra essas coisas não há lei (Gálatas 5:22-23).

É comum pensar em *frutos* do Espírito, como se cada palavra fosse um fruto diferente. Mas note que Paulo usa a palavra no singular: *fruto*. O Espírito Santo produz em nós uma coisa só, que tem nove aspectos diferentes, assim como um diamante possui várias

PARA COMPARTILHAR

> "A mente fraca nunca vai ser capaz de trabalhar em busca de um corpo forte. Quando fortalecemos a mente, temos mais segurança para caminhar na direção daquilo que sonhamos."

facetas diferentes. O domínio próprio é uma dessas facetas, e ele é desenvolvido em conjunto com todas as outras. A totalidade desse fruto produzido pelo Espírito *Santo* em nós não pode ser outra coisa senão a *santidade*, ou seja, um caráter como o de Jesus.[43]

Se olharmos para Jesus, veremos a personificação do domínio próprio. No começo de seu ministério, Ele jejuou durante quarenta dias. Quando se encontrava no momento mais fraco, fisicamente falando, foi tentado por Satanás. Mas como tinha a mente forte, Jesus não cedeu às tentações, mas se manteve fiel ao seu Pai e à sua Palavra.

Jesus era guiado por um propósito maior; suas vontades estavam alinhadas a esse propósito, que era fazer a vontade do Pai. Vemos isso claramente no Getsêmani, quando Jesus teria todo o direito e todo o poder para não ser crucificado, mas abre mão disso para que fosse feita a vontade do Pai, e não a sua (Lucas 22:42). Aliás, quando vieram prendê-lo, e Pedro tentou defendê-lo com uma espada, o Senhor disse: "Guarde a espada! [...] Você acha que eu não posso pedir a meu Pai, e ele não colocaria imediatamente à minha disposição mais de doze legiões de anjos? Como então se cumpririam as Escrituras que dizem que as coisas deveriam acontecer desta forma?" (Mateus 26:52-54). Ele não lançou mão do poder que Ele tinha por direito, mas se submeteu à vontade do Pai para cumprir as Escrituras.

Pensando nisso, domínio próprio não é simplesmente dominar suas vontades, mas submetê-las ao domínio de Deus, como Jesus fez.

DEIXE DEUS SER SEU SENHOR

Quando Paulo fala sobre domínio próprio no texto que lemos acima, ele menciona o fruto do Espírito no contexto de uma vida que não satisfaz os desejos da carne.

O que significa "carne" nesse contexto? Paulo não está falando dos desejos do corpo físico. Apesar de nosso corpo ter algumas vontades que podem nos destruir, Paulo está pensando em algo mais abrangente, porque ele diz:

> Ora, as obras da carne são manifestas: imoralidade sexual, impureza e libertinagem; *idolatria e feitiçaria; ódio, discórdia, ciúmes, ira, egoísmo, dissensões, facções inveja*; embriaguez, orgias e coisas semelhantes (Gálatas 5:19-21).

Eu grifei acima as palavras que são obras da carne mas que não têm a ver necessariamente com o nosso corpo. "Carne", então, não é algo físico, mas tem a ver com nosso coração: é nossa *inclinação para o mal*. É nosso desejo natural de ser nosso próprio senhor, de dizer o que é o certo e o que é o errado, de ser como Deus.[44]

Essa inclinação vem do Éden, quando Adão e Eva deram ouvidos à serpente, que disse: "Deus sabe que, no dia em que dele comerem, seus olhos se abrirão, e vocês, como Deus, serão conhecedores do bem e do mal" (Gênesis 3:5). A carne, então, influencia seu corpo e sua mente; os desejos do seu corpo e os anseios do seu coração.

Quando você não se submete à vontade de Deus, você se torna refém da sua própria vontade. Precisamos de um Senhor *acima* de nossa mente e do nosso coração para sermos capazes, então, de exercer domínio sobre nossa mente e nosso coração. Essa é a ideia central do trecho em que Paulo menciona o fruto do Espírito:

> Por isso digo: Vivam pelo Espírito, e de modo nenhum satisfarão os desejos da carne. Pois a carne deseja o que é contrário ao Espírito; e o Espírito, o que é contrário à carne. Eles estão em conflito um com o outro, de modo que vocês não fazem o que desejam [...]. Os que pertencem a Cristo Jesus crucificaram a carne, com as suas paixões e os seus desejos. Se vivemos pelo Espírito, andemos também pelo Espírito (Gálatas 5:16-17,24-25).

Pode parecer contraditório, mas esse é um dos grandes segredos do evangelho: quando abrimos mão de nossa vida, a recebemos de volta. Quando morremos para nós mesmos, ressuscitamos em vida eterna. Quando entregamos a Deus o senhorio de nossa vida, recebemos poder para termos autocontrole. Esse é um jeito diferente de pensar em relação ao que os gregos entendiam por domínio próprio, e ao que muita gente pensa hoje em dia.

SER HUMANO É SER CONTROLADO

A Bíblia compara uma pessoa sem autocontrole com uma cidade devastada:

> Como a cidade com seus muros derrubados, assim é quem não sabe dominar-se (Provérbios 25:28).

Nas cidades antigas, os muros serviam de proteção e limite. Exércitos inimigos, ladrões e até mesmo animais selvagens não invadiam a cidade por causa dos muros. Da mesma forma, quem não tem domínio próprio é uma presa fácil para qualquer coisa que venha de fora, como vimos no capítulo passado.

Os Evangelhos nos contam um exemplo extremo de uma pessoa que viveu durante um tempo com seus "muros" derrubados.

> Eles atravessaram o mar e foram para a região dos gerasenos. Quando Jesus desembarcou, um homem com um espírito imundo veio dos sepulcros ao seu encontro. Esse homem vivia nos sepulcros, e ninguém conseguia prendê-lo, nem mesmo com correntes; pois muitas vezes lhe haviam sido acorrentados pés e mãos, mas ele arrebentara as correntes e quebrara os ferros de seus pés. Ninguém era suficientemente forte para dominá-lo. Noite e dia ele andava gritando e cortando-se com pedras entre os sepulcros e nas colinas (Marcos 5:1-5).

Observe que temos aí um homem extremamente forte fisicamente. Pensando na definição dos gregos para autocontrole — quem domina a si mesmo não é dominado por ninguém —, até parece que esse homem tinha autocontrole, porque Marcos diz que "ninguém era suficientemente forte para dominá-lo". Mas sabemos que não é verdade: aquele homem não tinha o menor domínio sobre si. Ele era subjugado por poderes espirituais que controlavam suas vontades. Depois que Jesus se encontra com ele e o liberta, o homem experimenta uma profunda transformação, veja só:

> Quando se aproximaram de Jesus, viram ali o homem que fora possesso da legião de demônios, assentado, vestido e em perfeito juízo; e ficaram com medo (v. 15).

Agora sim, era um homem com domínio próprio, mas só porque ele estava rendido aos pés do seu Salvador. Da mesma forma, recebemos poder para dominar a nós mesmos apenas quando nos rendemos a Deus.

Acredito que ainda não vivemos de forma abundante a vida que Deus tem para nós porque temos colocados outras coisas e outras pessoas (às vezes, nós mesmos) no lugar de Deus. Nós podemos dar diversos nomes a isso, mas a Bíblia tem um só: *idolatria*.

Vivemos em um mundo idólatra, e isso não diz respeito apenas às questões religiosas. O pastor Tim Keller afirmou que o coração humano é uma verdadeira fábrica de ídolos.[45] Muitos idolatram pessoas (como os filhos), atividades (como comer, trabalhar), sensações (como o prazer) e entregam a isso a posição prioritária de sua vida, que deveria ser ocupada por Deus.

Quando queremos exercer domínio próprio sem Deus, idolatramos nossa força, nossa capacidade, mas isso é uma cilada. Nós nos tornamos escravos de nossa carne, de nossa inclinação

PARA COMPARTILHAR

> Acredito que ainda não vivemos de forma abundante a vida que Deus tem para nós porque temos colocados outras coisas e outras pessoas (às vezes, nós mesmos) no lugar de Deus. Nós podemos dar diversos nomes a isso, mas a Bíblia tem um só: *idolatria*.

para o mal. Mas quando nos rendemos ao poder e à vontade de Deus, como fez o homem endemoninhado, recebemos poder do alto para controlar nossas vontades. É na submissão a Deus que fortalecemos nossa mente.

RENOVAÇÃO DA MENTE

Para desenvolver esse tipo de domínio próprio, esse tipo de força em nossa mente e em nosso coração, precisamos primeiramente experimentar uma *transformação* profunda da mente. O texto bíblico que mais explica isso é o de Paulo aos romanos:

> Não se amoldem ao padrão deste mundo, mas transformem-se pela renovação da sua mente, para que sejam capazes de experimentar e comprovar a boa, agradável e perfeita vontade de Deus (Romanos 12:2).

Paulo fala de movimentos aqui. O primeiro é um movimento negativo, algo que você *não deve fazer* com sua mente: se amoldar ao padrão deste mundo. O segundo é um movimento positivo, o que você *deve fazer* com sua mente: se transformar.

Em resumo: não se con*forme*, mas se trans*forme*.

Vamos olhar essas palavrinhas mais de perto. A primeira — amoldar-se, conformar-se — faz referência a uma fôrma (como fôrma de bolo) que muda de formato todo dia. A palavra, em grego, é *squema*, e faz referência à "aparência exterior".[46] É seguir tendências, ter uma opinião que muda a cada dia. Paulo menciona essa palavra em outro versículo:

> O que quero dizer é que o tempo
> é curto. De agora em diante,
> aqueles que têm esposa, vivam
> como se não tivessem; aqueles que
> choram, como se não chorassem;
> os que estão felizes, como se não
> estivessem; os que compram algo,
> como se nada possuíssem; os que
> usam as coisas do mundo, como
> se não as usassem; porque a *forma*
> presente deste mundo está passando
> (1Coríntios 7:29-31).

O *squema* deste mundo passa. O que hoje é, amanhã não é mais. É dessa instabilidade que devemos fugir. Não devemos permitir que nossa mente fique assumindo novas formas a cada dia: hoje defendo isso, amanhã, aquilo.

Paulo propõe outro caminho. Ele não quer que a mente fique parada. Ela deve se movimentar, mas na direção certa, com o exercício correto: a transformação. A palavra aqui é *morphe*, de onde vem o termo português "meta*morfose*". Ela diz respeito à "essência interior" e, portanto, descreve uma mudança que ocorre de dentro para fora.[47]

Isso quer dizer que nossa transformação começa em nossa mente, quando ela é *renovada*.

A Bíblia é um convite de para mudanças consistentes e duradouras. Ela não nos transforma em pessoas perfeitas nesta vida, mas transforma pessoas imperfeitas que buscam progressivamente uma mente renovada.

Muitas pessoas fracassam em seus propósitos porque abordam seus sonhos com uma mente não renovada. Sua mente sengue as flutuações do mundo. Algo que muda todo dia não é firme, não é constante, não é seguro. A mente renovada é o que nos dá um ponto de partida estável, firme, para alcançarmos quaisquer transformações que desejarmos. A pessoa com a mente renovada tem segurança de sua identidade, da bondade de Deus, da direção do Espírito e possui Jesus como seu modelo de autocontrole.

Muito bem, e como *renovamos* a mente? Cito Paulo mais uma vez:

> Todavia, não foi isso que vocês aprenderam de Cristo. De fato, vocês ouviram falar dele, e nele foram ensinados de acordo com a verdade que está em Jesus. Quanto à antiga maneira de viver, vocês foram ensinados a despir-se do velho homem, que se corrompe por desejos enganosos, a serem renovados no modo de pensar e a revestir-se do novo homem, criado para ser semelhante a Deus em justiça e em santidade provenientes da verdade (Efésios 4:20-24).

Este é o movimento da mente que quer transformação: se livrar de tudo o que faz você menos igual a Cristo, e adotar tudo o que lhe deixa mais parecido com Ele.

A renovação da mente é o exercício diário de se despir do velho homem e se revestir do novo homem. A expressão "velho homem" diz respeito à velha natureza que herdamos de Adão, inclinada para o mal e para o pecado; enquanto "novo homem" fala da natureza que assumimos em Cristo: "Portanto, se alguém está em Cristo, é nova criação. As coisas antigas já passaram; eis que surgiram coisas novas!" (2Coríntios 5:17). Essa nova criação nada mais é do que o próprio Cristo, o primeiro de uma nova humanidade que está sendo recriada à sua imagem: "vocês já se despiram do velho homem com suas práticas e se revestiram do novo, o qual está sendo renovado em conhecimento, à imagem do seu Criador" (Colossenses 3:9-10).

É por isso que o domínio próprio verdadeiro só é possível de ser alcançado por uma mente renovada. A mente velha entende o autocontrole segundo os padrões do mundo, que mudam a cada dia. No fim das contas, ela vai trabalhar para caber dentro desses padrões, que podem ser estéticos, sociais, financeiros etc. São padrões que mudam a cada dia.

A mente renovada, por outro lado, recebe poder do Espírito Santo para se autocontrolar com o fim exclusivo de ser como Jesus, o único ser humano perfeito e verdadeiro que já existiu. Quanto mais nos aproximamos de Jesus, mais entendemos o propósito de Deus para a nossa vida em particular. Por isso, Paulo encerra o texto de Romanos 12:2 dizendo: "para que sejam capazes de experimentar e comprovar a boa, agradável e perfeita vontade de Deus".

A mente conformada aos padrões do mundo desconhece a vontade de Deus porque não tem estrutura capaz para acompanhá-la. É demais para ela. Ela só se interessa pelas coisinhas dessa vida terrena. É uma mente fraca, atrofiada. A mente que foi renovada é a mente fortalecida, que tem capacidade não apenas de conhecer, mas de *experimentar* e *comprovar* a vontade de Deus, que é boa, perfeita e agradável.

Assim como seu corpo precisa se mover diariamente, o exercício da mente tem que ser constante. A cada dia, reveja o que tem afastado você da vontade de Deus, e escolha os pensamentos e sentimentos que Jesus teria.

PENSE COMIGO

1. Quais formas de pensar deste mundo têm moldado a sua mente? Quais verdades bíblicas podem substituí-las?

2. Em que área da sua vida você gostaria de ser mais autocontrolado? O que você pode fazer, com a ajuda de Deus, em relação a isso?

9
O DESCANSO DA MENTE

Buscando a paz do reino de Deus

Quando a sua mente descansa?
Muitas pessoas supõem que a mente descansa junto com o resto do corpo, ou seja, quando dormem. Mas você já deve ter sentido que, na prática, não é bem assim. Já aconteceu de você se deitar para dormir, com o corpo bem cansado, mas sua mente não se aquieta o suficiente para pegar no sono? Preocupações, ansiedades, medos, listas de tarefas ou simples pensamentos não param de passar pela sua cabeça e você não consegue descansar.

O descanso da mente e do coração acontece no sono, mas não apenas nele. Precisamos estar atentos a padrões de comportamento e pensamento que drenam nossa energia mental e emocional, criando a sensação de estresse e fadiga.

A ORIGEM DO CANSAÇO

Cansaço é uma sensação difícil de descrever, mas todo mundo já sentiu. Ele pode ser percebido no corpo, quando sentimos nossa energia se esgotar após algum esforço físico, um grande esforço mental ou quando se tem dificuldade para respirar. O cansaço também pode ser mais subjetivo, quando a pessoa se sente desanimada para fazer tarefas simples, ou até mesmo coisas que ela geralmente gosta de fazer.

Existe uma interação entre o cansaço físico e o mental, e um pode intensificar ou aliviar o outro. Por exemplo, uma pessoa estressada pode ter a impressão de que um esforço físico simples está mais pesado do que parece; por outro lado, o exercício físico pode diminuir o cansaço emocional, ao liberar no corpo os neurotransmissores de que falamos na Parte 1.

De forma geral, as pessoas admitem mais, ou reconhecem melhor, o cansaço físico do que o emocional. Médicos relatam que os pacientes acham que serão levados mais a sério se disserem que se sentem cansados em vez de dizer que estão tristes.[48]

Porém, quando o cansaço emocional não é reconhecido e tratado corretamente, ele pode evoluir e se tornar um distúrbio mental. De acordo com a Comissão da Saúde do Conselho Nacional do Ministério Público, ficar atento aos sinais de cansaço mental é uma maneira de evitar que o quadro piore e leve à ansiedade ou à depressão.[49]

ANSIEDADE GENERALIZADA

Você já deve ter ouvido dizer que a ansiedade é o mal dos nossos dias. Jesus disse: "Basta a cada dia o seu próprio mal", e o mal deste século está justamente em nos anteciparmos ao mal que talvez venha amanhã, semana que vem, ano que vem. E que pode nunca vir.

Infelizmente, nosso país é um dos mais suscetíveis à ansiedade. Durante anos, diferentes pesquisas têm apontado altos níveis de ansiedade nos brasileiros. Em 2017 e 2019, a Organização

PARA COMPARTILHAR

> "O descanso da mente e do coração acontece no sono, mas não apenas nele. Precisamos estar atentos a padrões de comportamento e pensamento que drenam nossa energia mental e emocional, criando a sensação de estresse e fadiga."

Mundial da Saúde divulgou que o Brasil era o país com o maior número de pessoas com transtornos de ansiedade. Na época, quase 10% dos brasileiros sofriam de ansiedade.

Estudos mais recentes revelaram que esse índice praticamente triplicou com a pandemia. Em 2023, 26,8% dos brasileiros receberam um diagnóstico médico de ansiedade, e a maioria é de jovens com idades entre 18 a 24 anos.[50] No mesmo ano, o Google divulgou que o Brasil era o segundo país do mundo que mais fazia buscas sobre questões relacionadas à ansiedade, perdendo apenas para a Ucrânia, que estava em guerra.[51]

Eu já tive crises de ansiedade e sei bem qual é a sensação. Minha vida me trouxe, em diversos momentos, desafios que resultaram nisso. Durante algumas crises, cheguei a pensar que iria morrer. Eu sentia solidão no meio da madrugada, insônia e o coração disparado. Quanto mais eu tentava silenciar minha mente, mais acelerada ela ficava. Eu me sentia perdendo o controle da situação, e as crises travavam meu desempenho em diversos aspectos da vida. Foi então que procurei ajuda.

Como cristã, entendo que a ciência e a fé não são concorrentes, mas parceiras, e que devem andar lado a lado para recuperar a nossa saúde física e emocional. Devemos procurar médicos e psicólogos ao mesmo tempo que nos voltamos para Deus, que é o nosso Criador e nos sustenta tanto por meio da medicina como pelas promessas maravilhosas que nos deixou nas Escrituras. Muitas delas, aliás, estão relacionadas à ansiedade.

Gosto especialmente de Lucas 12. Esse texto funciona como um remédio para minhas angústias e preocupações. Nele, Jesus me leva de volta ao lugar de paz, onde não faltam provisão, cuidado nem segurança.

Portanto eu lhes digo: Não se preocupem com sua própria vida, quanto ao que comer; nem com seu próprio corpo, quanto ao que vestir. A vida é mais importante do que a comida, e o corpo, mais do que as roupas. Observem os corvos: não semeiam nem colhem, não têm armazéns nem celeiros; contudo, Deus os alimenta. E vocês têm muito mais valor do que as aves! Quem de vocês, por mais que se preocupe, pode acrescentar uma hora que seja à sua vida? Visto que vocês não podem sequer fazer uma coisa tão pequena, por que se preocupar com o restante?

Observem como crescem os lírios. Eles não trabalham nem tecem. Contudo, eu lhes digo que nem Salomão, em todo o seu esplendor, vestiu-se como um deles. Se Deus veste assim a erva do campo, que hoje existe e amanhã é lançada ao fogo, quanto mais vestirá vocês, homens de pequena fé! Não busquem ansiosamente o que comer ou beber; não se preocupem com isso. Pois o mundo pagão é que corre

> atrás dessas coisas; mas o Pai sabe que vocês precisam delas. Busquem, pois, o reino de Deus, e essas coisas lhes serão acrescentadas (Lucas 12:22-31).

Penso que a ansiedade reflete uma incompreensão sobre o que realmente tem valor nessa vida e sobre o propósito de Deus para nós. Não estamos aqui simplesmente para comer e beber as melhores coisas, nem para vestir as melhores roupas. Existimos para algo maior.

UM PAI PARA SUA ANSIEDADE

Deus não criou o universo e saiu de cena. Ele continua governando tudo o que existe, não por quem somos, mas por quem Ele é. Não devemos, portanto, andar ansiosos pelo amanhã, nem nos desesperar por coisas materiais, pois há um propósito infinitamente maior e que existe bem antes da criação do planeta.

Deus nos criou com um único propósito: o amor. Ele não precisava ter criado a humanidade. Deus é eternamente satisfeito consigo mesmo. Assim, Ele não nos criou para que o fizéssemos feliz, mas para compartilhar sua alegria conosco. E mesmo quando nossos primeiros pais se viraram contra esse amor, Deus não abriu mãos de sua criação: "Porque Deus tanto amou o mundo que deu o seu Filho Unigênito, para que todo o que nele crer não pereça, mas tenha a vida eterna" (João 3:16). Esse é para propósito e o plano maior de um Deus que é perfeito. Ele mesmo nos dá os recursos para que seu propósito se cumpra. Portanto, não precisamos nos preocupar com o que é trivial. Se Deus nos salvou da morte eterna, por que iria desamparar nossa vida física?

PARA COMPARTILHAR

> "Penso que a ansiedade reflete uma incompreensão sobre o que realmente tem valor nessa vida e sobre o propósito de Deus para nós. Não estamos aqui simplesmente para comer e beber as melhores coisas, nem para vestir as melhores roupas. Existimos para algo maior."

A ansiedade, assim, representa descrença no cuidado de Deus. Jesus ensina que se até as plantas, que não têm alma e vivem menos tempo, são importantes pra Deus e recebem o seu cuidado. O que dirá de seus filhos? Somos importantes para Deus, mas a ansiedade pode nos tornar cegos e insensíveis para essa verdade.

Deus é nosso Pai, e sua paternidade não deve entendida à luz da paternidade de homens, alguns bons, outros falhos, mas à luz do cuidado que Deus teve com seu próprio Filho, Jesus Cristo. Jesus nunca foi abandonado. Mesmo quando as pessoas faltaram ou falharam, o Pai lhe enviou anjos para o servirem (Mateus 4:11; Lucas 22:43). O único momento em que o Pai abandonou seu Filho foi na cruz, quando Jesus carregava sobre si todo o peso do nosso pecado. Deus virou o rosto para seu Filho para que fosse possível olhar para nós.

Por que ficar, então, ansioso e aflito, se o seu Pai sabe exatamente quais são suas necessidades, antes mesmo de você abrir a boca e orar?

É válido pensar que, muitas vezes, nem nós mesmos sabemos do que precisamos. Mas Deus sabe de absolutamente tudo. Quantas vezes nós oramos por coisas de que não precisamos, para impressionar pessoas que mal conhecemos? Tudo isso é decorrente da vanglória humana — uma glória vã — e, obviamente, não as recebemos porque pedimos mal. Ainda assim, apesar de nossas orações infantis, Deus é o Pai perfeito que conhece todas as nossas necessidades e nos sustenta. Por isso, você pode descansar nele.

Jesus segue dizendo:

> Não tenham medo, pequeno rebanho, pois foi do agrado do Pai dar-lhes o Reino. Vendam o que têm e deem esmolas. Façam para vocês bolsas

> que não se gastem com o tempo, um tesouro nos céus que não se acabe, onde ladrão algum chega perto e nenhuma traça destrói. Pois onde estiver o seu tesouro, ali também estará o seu coração (Lucas 12:32-34).

Esse texto fala, mais uma vez, de compromissos. Como foi dito, nosso tesouro é aquilo em que nosso coração pensa, o que ele deseja e admira. Muitas vezes, a ansiedade decorre do fato de que nosso coração teme perder aquilo que ele mais preza, e esse tesouro está sujeito a ser roubado por ladrões e destruído por traças. Esse é aquele tesouro que batalhamos para conquistar, e, por isso, se tornou a coisa mais importante da nossa vida. Mas as coisas que ansiamos por preservar são as que nos consomem com ansiedade. Podem ser bens materiais, a família, uma reputação, a beleza, a carreira profissional, um relacionamento, um estilo de vida. Temos a péssima habilidade de centrar nossa vida em torno das coisas mais variadas. Mas todas elas podem ser perdidas e algumas de fato, irão acabar antes da nossa morte. Essa impotência nos deixa ansiosos.

Jesus sugere, então, que nosso coração se apegue a algo que jamais irá acabar; pelo contrário, que irá crescer cada vez mais. Trata-se do reino de Deus. Ele disse que o reino é como uma semente pequenininha, que, quando plantada, vai crescendo e crescendo até se tornar uma árvore em que os pássaros fazem seus ninhos.

O reino de Deus não é abstrato. Trata-se da esfera na qual Deus é reconhecido como rei e Senhor. Ainda que a mentalidade do mundo marche contra isso, a Bíblia nos garante que o reino se expandirá e tomará todas as coisas quando o Rei vier reinar.

Dessa forma, podemos vencer a sociedade colocando todas as coisas que nos são caras dentro do reino de Deus, e aos cuidados do Rei Jesus. Colocamos nossos bens materiais a serviço do reino; entregamos nossa família ao Rei; oferecemos nossa reputação e até beleza física para propagar o reino; desenvolvemos uma carreira profissional que amplie a esfera do reino em nossos negócios, e assim por diante. O reino de Deus não terá fim, de modo que tudo o que está englobado pelo reino também terá propósitos eternos.

Maior que isso é a revelação que o próprio Jesus faz: "Foi do agrado do Pai dar-lhes o Reino". Deus nos deu livre acesso ao seu reino, e isso não é conquista nossa, mas graça dele. O lugar mais seguro do mundo nos foi dado por Deus. E nem a morte, nem a vida, nem poderes, nem violência, nem traças, nem ladrões, nem doença, nem o envelhecimento nem nada pode tirar de nós o reino, onde habitaremos eternamente.

O reino já está entre nós, disse Jesus (Lucas 17:21). Não em sua plenitude, mas ele já existe. Isso significa que a misericórdia, a graça, a benevolência e, sobretudo, a soberania do nosso Rei nos sustenta, dia após dia. É o que diz este famoso salmo:

> Sei que a bondade e a fidelidade
>   me acompanharão todos os dias da
>   minha vida,
>   e voltarei à casa do Senhor enquanto eu
>   viver (Salmos 23:6).

O mundo oferece recursos para ajudar a gerenciar a ansiedade. Deus, porém, oferece uma solução infinitamente melhor. Ele não somente quer manter nossa ansiedade sob controle, mas deseja nos ver livres dela. Isso é possível quando descansamos nosso coração na certeza da que Ele está cuidando de nós e de tudo o que nos diz respeito.

NAVEGANDO COM SABEDORIA

Descansar a mente e o coração significa se refugiar no cuidado do Pai, mas também envolve ser cauteloso quanto ao conteúdo que você tem consumido.

Hoje em dia, não é mais possível desassociar ansiedade das redes sociais, pelo menos no Brasil. No começo de 2022, havia 171,5 milhões de usuários de redes sociais no país, o que corresponde a 79,9% da população (embora nem todo perfil seja exatamente de uma pessoa). Mas o número impressiona, ainda mais se levar em conta que, de 2021 para 2022, foram abertas 21 milhões de novas contas nas redes sociais.[52]

Estudos científicos no mundo têm mostrado o que não é tão difícil de concluir por experiência própria: o uso descontrolado das redes sociais tem impacto nocivo na saúde emocional, podendo estar relacionado ao aumento da depressão e da ansiedade.

Algumas pessoas se sentem ansiosas na tentativa de terem uma vida tão perfeita quanto a de alguns perfis que elas seguem nas redes sociais. Embora todo mundo *saiba* que a vida nas redes é vivida em um universo paralelo, muitos se *sentem* inferiores e insatisfeitos com a vida normal que levam, que parece sem graça em comparação com as publicações das redes, em que todo mundo é bonito, feliz e bem-sucedido.

Outras pessoas expõem corajosamente suas opiniões nas redes, mas não estão preparadas para os ataques malignos (não existe outra palavra) dos *haters*. Pesquisas mostram que os usuários se sentem pressionados a manter uma atividade constante nas redes sociais, mas boa parte em medo de ser julgada pelo conteúdo que posta.[53]

O que estamos fazendo feito a respeito disso? Quantos minutos separamos diariamente para fazer uma "faxina" em nossa mente e em nossas emoções, diminuindo os estímulos e os pensamentos e colocando a cabeça e o coração para descansar? Você já analisou de que modo as redes sociais têm influenciado seu estilo de vida, seus pensamentos, suas preferências, seus hábitos de compra, de sono, de relacionamento? Sua vida com Deus?

Nós, brasileiros, somos a segunda nação do mundo que passa mais tempo conectado: em média, 5 horas e 18 minutos por dia. Perdemos só para a Indonésia.[54] O que acessamos nessas cinco horas? Tudo: vídeos, fotos, e-mails, notícias, conversas, fofocas, pesquisas... A lista é variada. Esse comportamento representa um estado de *hiperconectividade*, um excesso de troca de informações e interação social online, que tem levado a aumento em transtornos mentais, como a ansiedade.[55]

O excesso de informações causa uma sobrecarga de estímulos para o cérebro. Com isso, a mente tende a ficar mais acelerada, levando à exaustão psicológica. Às vezes, não é o excesso de informações, mas o conteúdo delas que pode mexer com as emoções e provocar desequilíbrio.

Precisamos de sabedoria para nos conduzir nesse mar de informações. Não sei o quanto é possível viver totalmente desconectado de tudo. Para algumas pessoas, essa talvez seja a solução mais saudável emocionalmente. Para outras, no entanto, a prudência e o equilíbrio são o melhor caminho.

- *Pratique exercícios físicos.* Como falamos anteriormente, a atividade física libera neurotransmissores que aumentam a sensação de bem-estar. Eles ajudam a controlar a ansiedade e outros problemas psicológicos. Dê preferência a atividades que você possa fazer em ambientes abertos ou em meio à natureza, como corrida, caminhada, pedalar. Estudo científicos têm descoberto que caminhar em meio à natureza pode diminuir padrões de pensamento negativo associados à depressão, além de ativar áreas do cérebro relacionadas ao bem-estar emocional.[56]

- *Tenha uma boa rotina de sono.* Durante a noite, o cérebro pode descansar e recuperar as energias para o dia seguinte. Para que o descanso aconteça, é importante observar uma rotina de sono regular, e fazer a higiene do sono, como compartilhamos na Parte 1. Faz parte dessa rotina diminuir os estímulos luminosos e sonoros, evitando o uso de telas perto do horário de dormir.
- *Desconecte-se.* Estabeleça momentos no dia e na semana para dar uma pausa nas redes sociais, mídia e notícias online. Isso reduz a sobrecarga de informações e o estresse associado ao uso constante de tecnologia.
- *Tenha momentos de lazer.* Engaje-se em atividades que são relaxantes e que lhe dão prazer. Um passatempo pode ser uma válvula de escape para a sobrecarga de informações e estímulos que leva ao cansaço emocional e mental. Dê preferência a atividades que sejam offline, como ler um livro, ouvir música ou tocar um instrumento, pintar, escrever, cuidar de plantas, passear com o cachorro etc.
- *Mantenha um diário.* Escrever sobre suas experiências diárias, seus pensamentos, sentimentos e gratidões pode ajudar a esclarecer a mente, a colocar as emoções em ordem e promover reflexão e calma.
- *Respire.* Dedique um tempo para meditar ou realizar técnicas de respiração consciente. Na Parte 3, compartilho um

pouco mais sobre a meditação cristão. Focar na respiração e guiar os pensamentos na meditação ajudam a centrar a mente, reduzindo o estresse e a ansiedade. Não precisa ser por longas horas, cinco a dez minutos por dia fazem grande diferença.

PENSE COMIGO

1. Quais eventos ou informações deixam você ansioso? O que costuma sentir e em que costuma pensar nesses momentos?

2. Quais comportamentos você poderá adotar ou eliminar da sua rotina para garantir descanso mental e emocional?

10

Conclusão:
A MENTE TRANSFORMADA

Nessa parte, falamos do processo de transformação da mente, que envolve alimentar-se de alimentos positivos, exercitar o domínio próprio e descansar no cuidado e na provisão de Deus. Tudo isso está englobado na atitude de "não se amoldar ao padrão deste mundo", mas de "renovar a mente".

A transformação da mente não é tão evidente nem mensurável quanto a do corpo. Não conseguimos tirar uma foto de antes e depois para comparar. Talvez você tenha até a impressão de que nada está mudando, e em alguns dias pode parecer que você está retrocedendo.

Isso, na verdade, acontece porque, quando você se engaja na transformação da sua mente e das suas emoções, torna-se mais atento aos seus pensamentos e sentimentos. Antes, as coisas passavam por seu interior sem que você se desse conta. Agora, por causa da determinação em mudar, você repara mais em tudo. E somente quando observa melhor o que anda pela sua mente e seu coração é que você tem uma noção clara do seu real estado e do que precisa ser mudado.

Portanto, não desista. A mudança acontece aos poucos, e ela é medida não em quilos nem em músculos, mas em glória.

> E todos nós, com o rosto desvendado, contemplando a glória do SENHOR como num espelho, somos transformados de glória em glória na mesma imagem, como pelo Espírito do SENHOR (2Coríntios 3:18).

Esse verso nos garante que há um processo gradual e contínuo de transformação em curso. Ele envolve dedicação e, sobretudo, comunhão com o Criador. Pouco a pouco, sua mente se afasta dos moldes do mundo e se ajusta aos padrões divinos, renovando-se na medida em que você conhecer a Palavra de Deus e aplicá-la nessa reconstrução interior.

Todos os dias é preciso se submeter ao processo. Não se conforme, portanto, com o que você alcançou até hoje. Sujeite-se ao caminho da transformação que está diante de você. Assuma novos padrões de pensamento e emoções, que levam a um comportamento inadequado e à ansiedade. Domine sua mente e seu coração para rendê-los ao senhorio de Jesus Cristo.

> Portanto, não desista. A mudança acontece aos poucos, e ela é medida não em quilos nem em músculos, mas em glória.

ESPÍRITO

Spiritus intus alit

(O espírito é nutrido por dentro)

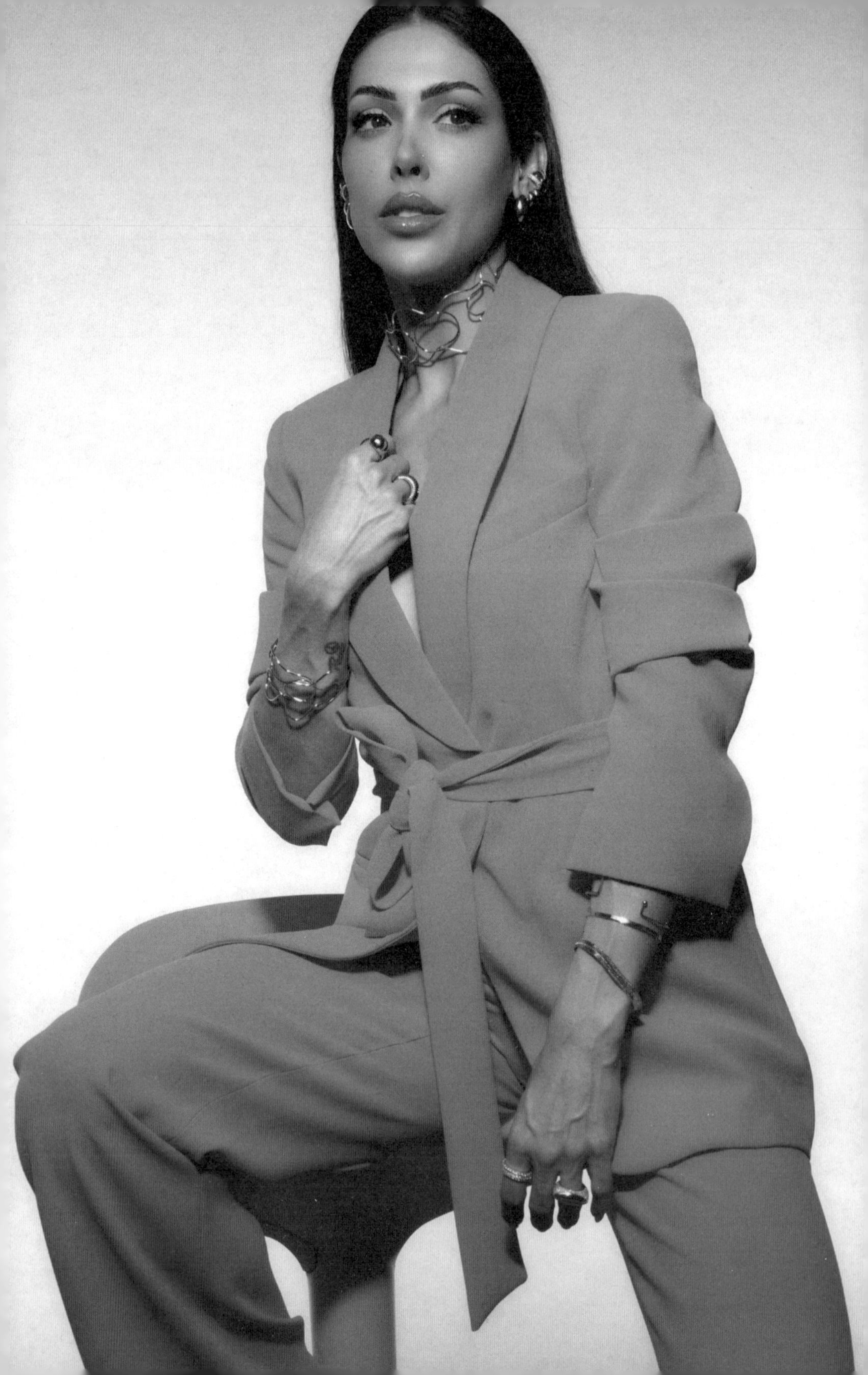

11
A TRANSFORMAÇÃO DO ESPÍRITO

O esforço para se tornar como Jesus

Qual é o sentido da nossa existência?
Dificilmente há um ser humano que tenha passado por essa vida sem ter se questionado isso. Essa pergunta nunca deixou de povoar a mente humana, não importa a época ou as circunstâncias nas quais se tenha vivido. Não tem nada de errado na pergunta. Ela é saudável. O cuidado deve estar em buscar respostas no lugar certo.

Se você jogar essa pergunta no Google, vai encontrar milhares de respostas, dos mais variados tipos. Para muita gente, a diversidade de pontos de vistas indica que não existe uma única resposta, uma verdade absoluta para guiar nossa vida. Mas existe. O único detalhe é que ela não faz parte deste mundo.

C. S. Lewis, autor britânico que se tornou conhecido com *As Crônicas de Nárnia*, foi convidado pela rádio BBC na década de 1940, durante a 2ª Guerra Mundial, para falar sobre a fé cristã. Dessas falas nasceu o livro que conhecemos como *Cristianismo puro e simples*, em que ele explica questões básicas da fé cristã. No livro, ele fala sobre como poderíamos afirmar a existência de um Deus.

Lewis diz: "As criaturas não nasceriam com desejos se não existisse a satisfação para esses desejos". Então ele dá um exemplo: "Um pato deseja nadar: muito bem, existe a água". A seguir, ele fala do ser humano:

> Ao descobrir em mim um desejo que nenhuma experiência desse mundo poderia satisfazer, a explicação mais provável é que eu tenha sido feito para outro mundo.[57]

O Google nem qualquer coisa deste mundo é capaz de responder a certos anseios e questões que estão enraizados no profundo do nosso ser. A Bíblia diz que Deus criou todas as coisas apropriadas para o seu tempo, mas há em nosso coração algo que vai além do tempo, um anseio pela própria eternidade (Eclesiastes 3:11).

Existe dentro de cada um de nós uma sede insaciável por compreender coisas que estão muito além das respostas que o mundo percebido pelo nosso corpo e nossa mente pode nos dar. São resposta de outro mundo, são respostas que residem na eternidade, fora do tempo e do espaço. Como se conectar com isso?

É aí que entra a importância de nos voltarmos para a fé e a espiritualidade.

UM SER ADORADOR

O que é *espiritualidade*? Segundo o pastor Hernandes Dias Lopes, espiritualidade é a capacidade que o ser humano tem de se relacionar com o Criador.[58] Isso é resultado da maneira com a qual fomos criados.

> Então o SENHOR Deus formou o homem do pó da terra e soprou em suas narinas o fôlego de vida, e o homem se tornou um ser vivente (Gênesis 2:7).

A tradução Revista e Atualizada diz "alma vivente", e a palavra "alma" condiz muito com o contexto. "Alma" vem do latim *"anima"* que significa tanto "sopro; ar" como "princípio de vida, oposto ao corpo". Essa parte imaterial do ser humano, nas palavras do pastor Hernandes,

> fez do homem um ser distinto das demais criaturas, uma vez que comunicou ao homem sua singularidade espiritual, como um ser criado à imagem e semelhança de Deus. Sendo assim, podemos dizer que o homem não é apenas um ser vivo, mas um ser espiritual.[59]

Todas as pessoas são seres espirituais, quer admitam isso, quer não. E cada pessoa do mundo tem uma visão particular a respeito da origem e do destino de sua espiritualidade. Nós, humanos, podem escolher no que queremos crer, mas não podemos escolher *se* queremos crer.

O que causa sofrimento às pessoas é o fato de colocarem ídolos no lugar do Criador. Elas esperam que esses ídolos lhe deem as respostas e o sentido para a vida.

Os ídolos que as pessoas erigem podem ser o trabalho, o dinheiro, um relacionamento, um vício, um medo, um sonho. É qualquer coisa que se torna o elemento principal da vida, roubando o desejo de buscar a Deus todos os dias e entender sua primazia em sua existência.

Nem todos os ídolos empurram Deus para fora da nossa vida. Na verdade, os ídolos mais poderosos são o que *usam* Deus para mantê-los no poder: é o *workaholic* que, quando se vê doente, pede a Deus para curá-lo para voltar ao trabalho; é o avarento que dá o dízimo por medo de o "devorador" consumir suas finanças. Sim, às vezes a fé em Deus quer apenas as bênçãos dele.

Por isso, vemos, cada vez mais, pessoas fragilizadas, deprimidas, solitárias e inseguras. Nada que vem deste mundo é tão capaz de matar nossa sede espiritual, de dar sentido à nossa vida e, sobretudo, nos dar paz quanto as coisas que vêm do alto.

Estreitar nossa relação com Deus é a transformação da qual dependem todas as outras. Nossa verdadeira relação com Deus determina nossa jornada, nossos valores e aquilo que esperamos do futuro.

O PODER DO ESPÍRITO SAUDÁVEL

Nos últimos anos, muitas pesquisas têm mostrado o papel central que a fé desempenha na saúde e no bem-estar. Três estudos publicados em 2015 na revista *Cancer*, da American Cancer Society (Sociedade Norte-Americana de Câncer), mostraram a estreita relação entre fé e saúde. O primeiro estudo divulgou que pacientes com forte espiritualidade demonstravam possuir menos sintomas físicos decorrentes do câncer e do tratamento. O segundo estudo mostrou que os aspectos emocionais da espiritualidade estavam fortemente associados a uma saúde mental positiva. Já o terceiro estudo revelou como a espiritualidade ajudava os pacientes a manterem relacionamentos sociais saudáveis durante seu tratamento.[60]

Para os especialistas, a espiritualidade, qualquer que seja, habilita as pessoas a lidarem de maneira mais leve com as

PARA COMPARTILHAR

> Estreitar nossa relação com Deus é a transformação da qual dependem todas as outras. Nossa verdadeira relação com Deus determina nossa jornada, nossos valores e aquilo que esperamos do futuro.

adversidades, bem como a desfrutarem melhor das simples bênçãos que recebem dia após dia.

Esses estudos mostram o lado positivo da espiritualidade, mas a maioria fala de uma espiritualidade vaga. Muitas vezes, é uma fé em coisas abstratas: uma energia, uma ideia positiva, até mesmo uma "fé na fé", ou seja, acreditar que coisas boas virão apenas porque você se deu ao trabalho de acreditar. A espiritualidade da Bíblia, porém, está fundamentada em uma pessoa real, que nos convida a um relacionamento também real.

> No entanto, está chegando a hora, e de fato já chegou, em que os verdadeiros adoradores adorarão o Pai em espírito e em verdade. São estes os adoradores que o Pai procura. Deus é espírito, e é necessário que os seus adoradores o adorem em espírito e em verdade (João 4:23-24).

Deus, que é espírito, deseja se relacionar conosco. Ele não só deseja como está procurando por essas pessoas. E o meio pelo qual nos relacionamos com Ele, que é espírito, é por meio do nosso espírito e da verdade, que é Jesus (cf. João 14:6).

Assim, crer em Jesus não é uma forma de desenvolver a espiritualidade e obter um "seguro de vida", que nos dará forças especiais no dia da doença nem, menos ainda, que nos garantirá imunidade física e psicológica. A espiritualidade transcende a isso. Ela tem validade para esta vida e para a futura.

ESPIRITUAIS COMO UM ATLETA

O exercício físico é de pouco proveito; a piedade, porém, para tudo é proveitosa, porque tem promessa da vida presente e da futura (1 Timóteo 4:8).

Mencionamos esse versículo no começo do livro, quando confrontamos a visão que diz que a Bíblia é contra a prática de exercícios. Vimos que isso não é verdade; nesse texto, Paulo está dizendo que a atividade física tem valor reduzido em comparação com a piedade, pois ela é útil apenas para a vida presente.

Agora, vejamos o que ele está comparando com o exercício físico: a *piedade*. A Nova Versão Transformadora traduz a palavra como "devoção". A ideia é a "verdadeira reverência a Deus que advém do conhecimento dele".[61] Paulo está exortando Timóteo a se exercitar tanto na reverência como no conhecimento, com o mesmo nível de empenho que um atleta de elite devota ao seu esporte.

O que esse texto traz à nossa atenção é que a piedade, ou seja, a vida com Deus, precisa ser *desenvolvida*. Ela requer dedicação. Assim como você não vai desenvolver músculos se ficar sentado em casa nem vai comer melhor se só tiver alimentos ruins na despensa, sua vida com Deus não vai se ampliar se você não se esforçar para isso.

O caráter e a conduta piedosos são muito mais importantes do que um corpo em forma e musculoso, embora ter as duas coisas seja possível. No entanto, nosso objetivo último não é que nossos queridos enterrem nosso corpo longevo, que morreu dormindo, mas viver eternamente na presença de Deus, a começar pelo tempo que temos aqui.

Não estou dizendo que precisamos nos esforçar para sermos salvos. A salvação vem única e exclusivamente pela fé em Cristo Jesus. Uma vez salvo, para sempre salvo. Mas a Bíblia nos convida, em diversas ocasiões, a *desenvolver* essa salvação (veja, por exemplo, Lucas 13:23-24; 1Coríntios 9:24-27; Filipenses 2:12; Hebreus 6:11-12; 2Pedro 1:5-10; 3:17-18). Isso significa que, em vez de esperarmos passivamente que Deus nos santifique enquanto assistimos a séries na TV, ou que o Espírito produza em nós seu fruto enquanto estamos ocupados com o celular, nós nos envolvemos no processo de nos tornar mais semelhantes a Jesus. Capacitados por Deus, fazemos morrer nossa natureza pecaminosa, nos revestimos de Cristo, abandonamos pecados e assumimos atitudes que nos ajudem a desenvolver virtudes.

É um verdadeiro treinamento de alta intensidade. *O atleta controla seu corpo para competir segundo as regras do esporte e obter o melhor resultado; da mesma forma, nós controlamos nosso corpo, nossa mente e nosso espírito para obedecermos às leis de Deus e obtermos o melhor da salvação que nos foi conquistada por Jesus.*

Oração, meditação, comunhão, serviço, autossacrifício, submissão, testemunho: esses são exercícios espirituais que nos ajudam a desenvolver o espírito. Não são atividades passivas, apesar de serem relativamente simples. Mas elas requerem luta e trabalho árduo e diário. Uma oração não sustenta você por uma semana inteira, assim como uma refeição não é o bastante para a semana. Um versículo ouvido no domingo não fortalecerá seus músculos espirituais o suficiente para seu espírito chegar inteiro até o domingo seguinte. O cristão que deseja ter sucesso espiritual deve realmente se dedicar ao trabalho, pela graça de Deus e para a glória dele.

PARA COMPARTILHAR

> "Oração, meditação, comunhão, serviço, autossacrifício, submissão, testemunho: esses são exercícios espirituais que nos ajudam a desenvolver o espírito. [...] Mas [elas] requerem luta e trabalho árduo e diário."

PENSE COMIGO

1. Como você descreveria sua espiritualidade? Ela faz parte de seu dia a dia, na forma de orações, meditação na Bíblia, adoração a Deus? Ela está restrita a determinados momentos da semana?

2. Como você descreveria seu relacionamento com Deus? Você se considera um adorador?

3. Existem coisas ou pessoas em sua vida que concorrem com Deus para ocupar o primeiro lugar de sua vida?

12
A NUTRIÇÃO DO ESPÍRITO

O pão que alimenta a alma

O que alimenta a alma humana?
Encontramos a resposta para essa pergunta no episódio da criação do ser humano. Muitas coisas, como você deve ter visto, são explicadas nesse momento inaugural da raça humana. Vamos reler o trecho:

> Então o SENHOR Deus formou o homem do pó da terra e soprou em suas narinas o fôlego de vida, e o homem se tornou um *ser* vivente (Gênesis 2:7).

A palavra hebraica traduzia por "ser" é *nephesh*. Ela significa "alma", mas também quer dizer "fome". Isso mostra que, desde o começo, a alma humana tem fome de alguma coisa. Quando Deus soprou o fôlego da vida no primeiro ser humano, Ele criou um ser *faminto*.

E do que temos fome?

Como vimos no capítulo anterior, na citação de C. S. Lewis, os desejos que encontramos em nós apontam para algo que pode satisfazê-los. Se quem causou a fome no interior do ser humano foi Deus, quando soprou nele e o tornou alma vivente, logicamente, apenas o Criador pode satisfazer a fome da nossa alma.

Não existe um ser um ser humano que não tenha essa fome interna. A Bíblia diz que Deus "pôs no coração do homem o anseio pela eternidade" (Eclesiastes 3:11). Isso aponta para o próprio Deus, pois somente Ele é eterno. Nossa alma pode ser infinita, ou seja, não ter fim, mas não somos eternos, porque fomos criados. Tudo o que existe foi criado. Apenas Deus existe fora do tempo e do espaço, apenas Ele não tem começo nem fim.

Isso significa que tudo aquilo que é terreno e temporal, seja riqueza, seja sucesso profissional, seja fama, seja sexo, seja glamour — qualquer coisa que o mundo possa oferecer não será capaz de preencher essa fome, esse vazio no nosso interior. Essas coisas podem distrair você com uma dose de dopamina, levando-o a sentir prazer e felicidade. Mas essas são sensações transitórias. Sua fome de eternidade só é aplacada pelo que é eterno.

Os salmistas, sempre sensíveis às realidades espirituais, percebiam muito bem essa fome em si mesmos, e declaravam como ela poderia ser satisfeita:

> A minha alma tem sede de Deus, do Deus vivo (Salmos 42:2).

> Ó Deus, tu és meu Deus; eu te busco de todo o coração. Minha alma tem sede de ti; todo o meu corpo anseia por ti nesta terra seca, exausta e sem água (Salmos 63:1, NVT).

Louvem ao Senhor pela sua bondade
e pelas suas maravilhas para com os
filhos dos homens! Pois fartou a alma
sedenta e encheu de bens a alma
faminta (Salmos 107:8-9).

Estende as minhas mãos para ti;
como a terra árida, tenho sede de ti
(Salmos 143:6).

Respondo, então, à pergunta que fiz no início deste capítulo: apenas Deus pode nutrir e satisfazer a alma humana.

O ALIMENTO DE DEUS

Como nos alimentamos de Deus? Existe uma forma errada de se nutrir espiritualmente?

Acredito que a nutrição da alma aconteça seguindo os mesmos princípios da nutrição do corpo. Podemos nos entupir de "porcaria", e isso enche momentaneamente nosso estômago, mas não sacia nem, menos ainda, nutre nosso organismo. Em pouco minutos estaremos sentindo fome de novo — muitas vezes, até mais do que antes.

O nosso espírito foi criado para se satisfazer em Deus. E como nada nesse mundo pode se comparar a Deus, logo, nada além dele pode suprir nossa fome espiritual. Podemos consumir "porcarias", digamos assim, que irão apenas nos distrair do vazio de nossa alma, mas ela seguirá roncando de fome.

Eu já senti essa fome apertar dentro de mim. Eu tinha muitas perguntas, e nada me satisfazia. Assim, por volta dos meus 25 anos, me dediquei ao estudo da filosofia budista. Li diversos livros e visitei templos budistas no Japão e na Tailândia, procurando encontrar respostas e saciedade. Algumas coisas que eu lia me impactavam e me faziam pensar, mas não bastavam para matar a fome da minha alma.

Eu admirava muito o exemplo de Sidarta Gautama, o Buda, mas, no meu coração, eu pensava: "Quem pode garantir que ele estava certo? Ele não era perfeito, nem prometeu que eu seria como ele. Ele deixou um caminho, mas não prometeu que quem seguisse por esse caminho encontraria paz e salvação para a alma". Quanto mais eu buscava me saciar no budismo, mais faminta ficava, e minhas perguntas continuavam sem resposta.

Esse não é um problema exclusivo do budismo. Qualquer filosofia humana não tem poder nutritivo para saciar a fome espiritual. Apenas Deus pode nos nutrir, e a comida que Ele nos dá é Jesus Cristo.

> Então Jesus declarou: "Eu sou o pão da vida. Aquele que vem a mim nunca terá fome; aquele que crê em mim nunca terá sede" (João 6:35).

Essa declaração de Jesus é muito especial. Ela é a primeira de uma série de sete afirmações que João compilou em seu Evangelho. Nessas frases, Jesus afirma que Ele é o próprio Deus eterno, Criador e Sustentador de toda a vida:

1. Eu sou o pão da vida (6:35);
2. Eu sou a luz do mundo (8:12);
3. Eu sou a porta das ovelhas (10:7);
4. Eu sou o bom pastor (10:11);

5. Eu sou a ressurreição e a vida (11:25-26);
6. Eu sou o caminho, a verdade e a vida (14:6);
7. Eu sou a videira verdadeira (15:1).

Quando diz "Eu sou o pão da vida", Jesus está fazendo referência a dois eventos. O primeiro havia acontecido séculos antes. O povo de Israel havia deixado o Egito e peregrinava rumo a Canaã. Sem alimento, e no meio do deserto, eles clamaram a Deus. O Senhor, então, enviou um alimento especial, o *maná*. Esse pão misterioso caía do céu, como o sereno da madrugada, e cobria o acampamento dos israelitas a cada manhã. A Bíblia nos diz que durante os quarenta anos de peregrinação não houve um dia sequer em que o povo tenha ficado sem o maná — a exceção eram os sábados, quando o maná não era derramado. O povo teria de colher uma porção dobrada na sexta-feira para ter com que se alimentar no sábado. É muito interessante que a medida de maná era perfeitamente adequada para cada pessoa:

> Quando mediram com o jarro, quem tinha recolhido muito não teve demais, e não faltou a quem tinha recolhido pouco. Cada um recolheu quanto precisava (Êxodo 16:17).

O segundo evento a que Jesus se refere havia acontecido um dia antes. Jesus estava em algum lugar perto do mar da Galileia, e muita gente havia ido até Ele. Jesus ensinou durante todo o dia e, no fim da tarde, tendo compaixão do povo, multiplicou pão e peixe para alimentá-los. As pessoas ficaram maravilhadas, ninguém nunca tinha visto aquilo. João conta que...

> Depois de ver o sinal miraculoso que Jesus tinha realizado, o povo começou a dizer: "Sem dúvida este é o Profeta que devia vir ao mundo". Sabendo Jesus que pretendiam proclamá-lo rei à força, retirou-se novamente sozinho para o monte (João 6:14-15).

Então, no dia seguinte, as pessoas procuraram Jesus por toda parte. Quando o encontraram, Jesus as confrontou, dizendo que não tinham ido até Ele não porque viram os sinais miraculosos, mas porque comeram pão e peixe e ficaram satisfeitos.

Jesus chama a atenção das pessoas quanto à necessidade de buscarem mais a nutrição do espírito do que a do corpo. Ele diz: "Não trabalhem pela comida que se estraga, mas pela comida que permanece *para a vida eterna*" (v. 26).

Essa é a importância de alimentar corretamente o espírito: o que ele "come" poderá trazer vida eterna ou morte eterna.

Assim como nossa alimentação física é o que, em grande parte, proporciona a saúde ou a doença do nosso corpo, nosso alimento espiritual opera em nossa alma vida ou morte. Mas como a alma é eterna, porque foi soprada pelo próprio Deus, ao passo que o corpo foi feito do pó da terra, sua alimentação tem um desdobramento na eternidade.

Apenas Jesus nutre nossa alma tanto por ser Deus como por existir eternamente. A alma que busca se satisfazer em Cristo jamais terá fome, porque seu pão jamais acaba. Como o maná, Ele desceu do céu e tem poder para matar a fome de cada um, não importa o apetite. Ele jamais acaba e jamais faltará.

MAIS IMPORTANTE QUE PÃO

Antes de começar seu ministério, Jesus também peregrinou no deserto, como os israelitas. Durante seu retiro de quarenta dias, Ele jejuou. No final desse período, diz Mateus que Jesus teve fome. Veja o que aconteceu na sequência:

> O tentador aproximou-se dele e disse: "Se és o Filho de Deus, manda que estas pedras se transformem em pães".
> Jesus respondeu: "Está escrito: 'Nem só de pão viverá o homem, mas de toda palavra que procede da boca de Deus'" (Mateus 4:3-4).

Jesus afirmou a importância da Palavra de Deus para sustentar a vida humana. Mais do que o pão, que é o símbolo do alimento e, consequentemente, da fonte de vida e energia para o corpo, a Palavra de Deus é o que, de fato, nos mantém em pé.

A resposta de Jesus é interessante porque Ele mesmo é a Palavra de Deus, o Verbo que se fez carne. Mas, aqui, Jesus também está apontando para a Palavra revelada de Deus, que temos na Bíblia.

A Bíblia é um grande presente de Deus à humanidade. Ela nos revela quem Deus é e quem nós somos; ela revela o quanto Deus nos amou e como somos carentes desse amor. Ela revela quem é Jesus e como, por meio dele, temos acesso a Deus e à oportunidade de desfrutar da vida eterna ao seu lado.

A Bíblia é nosso manual de vida. Em hipótese alguma, ela cairá em desuso ou ficará ultrapassada. Tudo pode passar, mas esse manual onde estão contidas as Escrituras Sagradas sempre seguirá intacto.

Quando lemos as Escrituras, estamos munidos não apenas de uma informação relevante, mas do conhecimento essencial para a nossa vida. A Bíblia é a revelação de quem somos, de quem nos criou, do propósito da nossa vida e o destino que Deus preparou para nós.

Por outro lado, viver sem ler e estudar as Escrituras é como assinar contratos sem conhecer os termos. Quando não conhecemos a Bíblia, saímos clicando nos botões de "Eu aceito" da vida, e concordando com as cláusulas que o mundo oferece. Não temos uma contrapartida que nos ajude a discernir se as propostas do mundo são justas, verdadeiras e aceitáveis.

Desconhecer, portanto, essa revelação de Deus, nos coloca imediatamente em duas situações perigosas.

Em primeiro lugar, nos tornamos reféns de nosso próprio coração. Conforme falamos na Parte 2, desde o Éden, nosso coração não é mais confiável para julgar o que é adequado ou não para a nossa alma. Nosso próprio coração é uma fábrica de ídolos, e quando a fome no espírito apertar, ele irá para a cozinha preparar, de si mesmo, algo para nos saciar. Mas o alimento deve vir de fora; os ídolos que fabricamos são apenas projeções de nós mesmos, incapazes de nos salvar e nos satisfazer.

O segundo perigo é que ficamos à mercê da teologia liberal de Satanás. Não se deixe enganar: o inimigo conhece mais de Bíblia do que qualquer pastor ou teólogo. A estratégia dele não é negar a Palavra de Deus, mas distorcê-la e criar, *a partir dela*, meias verdades que nos distraem.

Voltemos para o episódio de Jesus no deserto. Depois que Ele deu aquela primeira resposta a Satanás, citando as Escrituras, Satanás tirou sua Bíblia do bolso e preparou a próxima armadilha.

> Então o Diabo o levou à cidade santa, colocou-o na parte mais alta do templo e lhe disse: "Se és o Filho de Deus, joga-te daqui para baixo. Pois está escrito:
>
> 'Ele dará ordens a seus anjos a seu respeito,
>   e com as mãos eles o segurarão,
> para que você não tropece
>   em alguma pedra'" (Mateus 4:5-6).

O Diabo citou integralmente o texto de Salmos 91:11-12. A variação entre os dois textos é mínima, e se deve possivelmente à diferença entre as traduções (o salmo 91 está em hebraico; o texto citado por Mateus, ao relatar a tentação, vem de uma tradução grega).

Onde está a pegadinha?

Julgando a oferta de Satanás a partir de nosso próprio entendimento, ela parece razoável. Não há pecado. Deus prometeu, de fato, proteger seus filhos. Quantos se lançariam do alto do templo, clicando no botão "Eu aceito", sem ter lido as letras miúdas do contrato?

Jesus não pulou. Seu coração, sua mente, seu espírito e até mesmo seu corpo estavam totalmente enraizados na Palavra de Deus. Ele sabia que a promessa do salmo fala da proteção que Deus dá a quem anda em seus caminhos, ou seja, que conhece e obedece à sua Palavra. É a própria Palavra de Deus que nos protege de tropeçar, por meio de seus sábios preceitos. Deus não estava prometendo, nesse salmo, que seus filhos poderiam agir de forma imprudente, pois Ele os livraria. A proteção decorre da obediência.

O pastor Hernandes Dias Lopes faz o seguinte comentário sobre essa proposta de Satanás:

> De igual modo, o diabo quer nos levar a pecar confiados na graça de Deus. "Siga em frente; Deus não deixará você cair." "Isso não tem nada a ver." "Todo mundo faz." "Não seja antiquado." "Fique tranquilo, Deus perdoa. A graça é suficiente." Jesus, porém, responde ao diabo: *Também está escrito: Não tentarás o Senhor, teu Deus* (4:7). Um texto não deve ser analisado separadamente e ampliado de forma desproporcional, como se fosse a Bíblia inteira; cada pronunciação do Senhor deve ser considerada em conexão com outras partes das Escrituras. "Está escrito" deve ser colocado ao lado de "também está escrito".[62]

Não tem como viver sem estudar as Escrituras. Ela nos mune com as armas de precisamos para vencer a batalha que lutamos dia a dia: uma batalha espiritual pela nossa sujeição a Deus. No processo de conversão o Espírito Santo passa a habitar em nós, mas nossa velha natureza persiste, e ela é aliada do Diabo em suas tentativas de nos afastar de Deus.

Por isso, melhor do que confiar em nosso entendimento é seguir a Palavra de Deus. Essa, sim, é inerrante, infalível e suficiente para instruir acerca das melhores decisões nessa vida. A Palavra de Deus nunca envelhece, nunca cai de moda e nunca desatualiza.

Digo isso por experiência própria. Com o tempo, a Bíblia se tornou meu mapa de vida, pois as Escrituras fornecem orientações sólidas para viver com relevância e em plenitude. Ela nos ensina a alcançar maturidade espiritual, que invade todas as outras esferas da nossa existência. Por meio dela, somos capazes de discernir e dominar os sentimentos que nos atrapalham e impedem de alcançar nossos propósitos. Ela nos ensina o valor correto da nossa mente e do nosso corpo, sem desmerecer um nem outro.

Creio que até mesmo a complexidade da Bíblia faça parte dos planos de Deus. Ele não nos quer com um conhecimento superficial da sua pessoa, mas deseja que mergulhemos no conhecimento dele e na comunhão com Ele.

Eu costumo postar muitas reflexões bíblicas e conduzir estudos bíblicos no meu perfil nas redes sociais. As pessoas me enviam algumas dúvidas específicas sobre a Bíblia, mas muita gente me pergunta como é que eu faço para ter todo esse conhecimento. Digo a elas que não se deixem enganar pelas aparências. Estou muito longe de ser a pessoa que tem o maior conhecimento do mundo. Minha caminhada com Deus é cheia de falhas, como a de qualquer pessoa. Ler a Bíblia não é algo natural para nós, seres humanos, em nosso estado caído. Tem dias em que eu acordo com o tanque vazio, sem vontade de orar, de ler a Bíblia, ou até mesmo com a sensação de que não consigo alcançar a Deus com as minhas orações.

O que eu faço nesses dias, e em todos os outros? Eu uso a mesma disciplina que aplico nas demais áreas da minha vida. A leitura e a meditação nas Escrituras são atividades que precisam de treino para se tornarem hábitos. Não é porque nascemos de novo e temos o Espírito Santo em nós que, automaticamente, nos tornaremos apaixonados pela Bíblia e por conhecer a Deus. Podemos ter um ânimo inicial, mas se não houver empenho, isso logo vai passar. Para que o estudo das Escrituras se torne uma rotina, e para ter certa desenvoltura no manejo da Bíblia, você deve ter se empenhar.

A disciplina é a base para qualquer transformação. Falei dela em relação ao cuidado com o corpo e aos pensamentos que ocupam nossa mente. O princípio é o mesmo para todas as áreas:

treinamos para o sucesso. E em todas as áreas, há obstáculos e vilões que devemos superar e vencer, a fim de termos sucesso. No caso da alma, o inimigo é o Diabo, que irá nos tentar com mil distrações para que ler a Bíblia seja a última coisa que você pense em fazer.

É preciso aplicar disciplina na sua vida espiritual para desenvolver os músculos da alma. É um exercício diário, como tudo na vida. Não adianta achar que o que você fez na semana passada vai valer para o resto de sua vida. Se não nos policiarmos dia a dia, daqui a pouco veremos que passou uma semana sem que houvéssemos lido a Bíblia, depois um mês, um ano inteiro. É nosso dever priorizar essa prática e separar tempo para ela na nossa agenda, propositalmente, ainda que seja difícil. No começo, sempre é difícil. Mas quando perseveramos, a fome no nosso interior não apenas será saciada como se transformará em uma fonte de água viva a jorrar para a vida

PENSE COMIGO

1. Qual é o grau da sua fome espiritual? Você se sente faminto ou satisfeito?

2. Como é sua relação com a Bíblia? A leitura e a meditação nas Escrituras fazem parte de sua rotina? Há algo que você possa fazer para ampliar seu conhecimento das Palavra de Deus?

13
O MOVIMENTO DO ESPÍRITO

Tudo o que tem vida se move

Você já pensou que existe algo se movendo dentro de você? E que esse movimento é o que chamamos de "vida"?
Acho muito bonito o fato de que as palavras relacionadas a "espírito" têm, dentro delas, a ideia de movimento e de vida. "Espírito" vem do verbo latino *spirāre*, com o sentido de "soprar". Desse verbo vêm as palavras "respirar", "expirar", "inspirar", "aspirar", entre outras. Um dos movimentos mais básicos dos seres vivos é a respiração. Já ouvi muita mãe de primeira viagem dizer que, quando o filho está dormindo profundamente, coloca a mão em frente ao nariz para ver se ele está respirando.

A palavra "alma" tem uma origem do mesmo tipo. Já falamos dela. É do latim, e tem o sentido de "ar, alento". Dessa palavra vêm termos como "animar" e "animado". Pessoas animadas são cheias de vivacidade, de movimento, de energia; enquanto pessoas desanimadas normalmente não querem se mexer, ou se movem de uma maneira bem vagarosa.

Na Bíblia, as palavras traduzidas por "espírito" são *ruach* (hebraico) e *pneuma* (grego). As duas têm o sentido mais básico de "vento", e indicam, com isso, o movimento que é natural das coisas que estão vivas.

Antes da criação do ser humano, temos um registro bíblico de um espírito se movimentando:

> No princípio Deus criou os céus e a terra. Era a terra sem forma e vazia; trevas cobriam a face do abismo, e o Espírito de Deus se movia sobre a face das águas (Gênesis 1:1-2).

Deus havia chamado o universo à existência por meio da sua palavra poderosa, mas ainda havia caos, indicado aqui pelas palavras "sem forma e vazia"; "trevas"; "face do abismo" e "face das águas". Esse caos vai ser colocado em ordem durante os seis dias da criação e vai gerar vida, mas apenas por causa do que se movimenta em meio a ele: *o Espírito de Deus.*

O teólogo Russell Champlin, analisando essa cena criacional, chama o Espírito de Deus de "o grande Pássaro da Criação".[63] De fato, o verbo "se mover sobre", traduzido em outras versões da Bíblia como "pairar", é a mesma palavra usada para indicar uma ave que choca seus ovos. Ele também aparece em Deuteronômio 32:11, falando da águia que voa sobre sua ninhada com um voo protetor.[64] Esse voo do Espírito, assim como o chocar da ave, tem o objetivo de "energizar" a criação.[65] Quando a ave choca seus ovos, vida irrompe ali dentro. Quando o Espírito sobrevoa o mundo recém-criado, há vida latente. Isso está de acordo com outro verso da Escritura que diz: "Envias o teu Espírito, eles são criados, e, assim, renovas a face da terra" (Salmos 104:30).

No Novo Testamento, encontramos novamente o Espírito sendo associado a um movimento que gera vida.

> Respondeu Jesus: "Digo-lhe a verdade: Ninguém pode entrar no Reino de Deus, se não nascer da água e do Espírito. O que nasce da carne é carne, mas o que nasce do Espírito é espírito. Não se surpreenda pelo fato de eu ter dito: É necessário que vocês nasçam de novo. O vento sopra onde quer. Você o escuta, mas não pode dizer de onde vem nem para onde vai. Assim acontece com todos os nascidos do Espírito" (João 3:5-8).

Em toda essa passagem, o termo grego que é traduzido ora por "vento", ora por "Espírito", é o mesmo, *pneuma*. Jesus está fazendo um trocadilho entre vento e Espírito, ou, mais precisamente, entre os efeitos do vento e os efeitos do Espírito.[66] Uma característica compartilhada por vento e Espírito é a capacidade de se movimentarem.

O Espírito é "o princípio de vida de Deus".[67] O movimento é próprio do que está vivo: coisas vivas de mexem, crescem, se multiplicam. Então, ainda que pareça estranho falar de "movimento do espírito", não há nada mais natural, pois o próprio Espírito de Deus se movimenta desde o princípio da criação, produzindo vida.

MORTOS ESPIRITUALMENTE

Depois que nossos primeiros pais pecaram, a morte entrou no mundo perfeito de Deus. O Senhor havia dado um mandamento para o primeiro casal:

> Coma livremente de qualquer árvore do jardim, mas não coma da árvore do conhecimento do bem e do mal, porque no dia em que dela comer, certamente você morrerá (Gênesis 2:16-17).

O resultado da desobediência era a morte. Essa morte é física, mas também espiritual. Na verdade, Adão e Eva não morreram fisicamente logo após terem comido do fruto. A Bíblia diz que Adão viveu 930 anos. Mas assim que comeu do fruto, ele morreu *espiritualmente*.

A morte espiritual é a separação entre Deus, que é o Criador da vida, e o ser humano. É o pecado quem cria essa separação e lança a humanidade na morte espiritual, pois "o salário do pecado é a morte" (Romanos 6:23). O apóstolo Paulo explica a condição natural do ser humano afastado de Deus:

> Vocês estavam mortos em suas transgressões e pecados, nos quais costumavam viver, quando seguiam a presente ordem deste mundo e o príncipe do poder do ar, o espírito que agora está atuando nos que vivem na

> desobediência. Anteriormente, todos nós também vivíamos entre eles, satisfazendo as vontades da nossa carne, seguindo os seus desejos e pensamentos. Como os outros, éramos por natureza merecedores da ira (Efésios 2:1-3).

A realidade da morte espiritual mostra que, quando falamos de "espírito" dentro da tríade corpo-alma-espírito, ele tem um sentido maior do que "vida". Quando Adão e Eva pecaram, eles morreram espiritualmente, mas continuaram a viver fisicamente por muitos anos. O mundo está cheio de pessoas que movimentam o corpo e a mente, gente que faz e acontece, que tem fama e sucesso, que alcançam seus sonhos, que estão cheias de saúde e vitalidade, mas que são vazias por dentro, pois seu espírito está morto. Elas não têm vida plena, pois estão separadas de Deus. Como disse Paulo, estão "mortas em suas transgressões e pecados". A vida que têm é física e mental, mas essa irá terminar quando chegar a morte, e então enfrentarão a dura realidade da morte eterna.

A vivificação do nosso espírito depende do agir sobrenatural do Espírito de Deus em nós, "pairando" novamente sobre o nosso ser e soprando vida em nosso interior.

UM EXÉRCITO DE OSSOS

A Bíblia possui uma ilustração muito poderosa de como o Espírito Santo age no ser humano, produzindo vida. Essa ilustração está no livro do profeta Ezequiel, e se refere a uma visão que ele teve.

> A mão do SENHOR estava sobre mim, e por seu Espírito ele me levou a um vale cheio de ossos. Ele me levou de um lado para outro, e pude ver que era enorme o número de ossos no vale, e que os ossos estavam muito secos (Ezequiel 37:1-2).

Veja que Ezequiel fala de ossos *muito secos*. Não tinha nada neles que demonstrasse qualquer indício de vida. Poderiam até ser confundidos com lascas de pedra.

Esta é a situação do ser humano sem Deus: um saco de ossos secos. Não temos em nós mesmos nenhum recurso para fazer nossa própria alma voltar à vida, especificamente, à comunhão com Deus. Estamos cegos e surdos espiritualmente. Deus pode descer na nossa frente e falar conosco que não ouviremos. Aliás, Deus desceu e falou conosco, mas a humanidade não percebeu:

> Aquele que é a Palavra estava no mundo, e o mundo foi feito por intermédio dele, mas o mundo não o reconheceu (João 1:10).

Precisamos que algo fora de nós injete vida em nosso espírito. Na visão de Ezequiel, ele recebe de Deus uma ordem para profetizar aos ossos secos. O profeta conta:

> E eu profetizei conforme a ordem recebida. Enquanto profetizava, houve

PARA COMPARTILHAR

> A vivificação do nosso espírito depende do agir sobrenatural do Espírito de Deus em nós, "pairando" novamente sobre o nosso ser e soprando vida em nosso interior.

> um barulho, um som de chocalho, e os ossos se juntaram, osso com osso. Olhei, e os ossos foram cobertos de tendões e de carne, e depois de pele; *mas não havia espírito neles* (Ezequiel 37:7-8).

Veja que interessante. Os ossos não estavam mais secos. Não estavam nem expostos. Eram seres humanos, mas como zumbis. Então Deus disse a Ezequiel para profetizar de novo, mas com um acréscimo:

> "Profetize ao espírito; profetize, filho do homem, e diga-lhe: Assim diz o Soberano, o SENHOR: Venha desde os quatro ventos, ó espírito, e sopre dentro desses mortos, para que vivam". Profetizei conforme a ordem recebida, e o espírito entrou neles; eles receberam vida e se puseram em pé. Era um exército enorme! (Ezequiel 37:9-10).

Para voltar à vida espiritual, o ser humano precisa de um toque, de um *sopro*, assim como o boneco de barro que Deus fez no Éden ganhou vida quando o Senhor soprou em suas narinas o fôlego de vida, e então ele se tornou um ser vivente (Gênesis 2:7).

Houve vida nos ossos quando o Espírito de Deus agiu. Da mesma forma, somos vivificados espiritualmente quando o Espírito de Deus habita em nós.

A atuação do Espírito Santo em nós nos convence do pecado e nos leva ao arrependimento e à fé em Cristo. Aceitamos a salvação e o perdão de nossos pecados, e então, o Senhor nos concede o Espírito Santo. Ele habita em nós e age em nosso interior, produzindo vida, cada vez mais abundante, mesmo em meio à mortalidade e à decadência do nosso corpo físico.

O EXERCÍCIO ESPIRITUAL

Como nosso espírito, vivificado pelo mover do Espírito de Deus, irá se movimentar? Se a Palavra de Deus é o pão da alma, o que é o exercício?

Olhando para a vida de Jesus, vemos que sua alma se fortalecia no tempo que passava a sós com o Pai, em *oração*.

> Tendo despedido a multidão, subiu sozinho a um monte para orar (Mateus 14:23).

> De madrugada, quando ainda estava escuro, Jesus levantou-se, saiu de casa e foi para um lugar deserto, onde ficou orando (Marcos 1:35).

> Mas Jesus retirava-se para lugares solitários, e orava (Lucas 5:16).

> Num daqueles dias, Jesus saiu para o monte a fim de orar, e passou a noite orando a Deus (Lucas 6:12).

Muita gente me pergunta: "Por que devemos orar se Deus é soberano?". Quando olhamos para Jesus, essa pergunta perde toda a razão de existir. Jesus orava e era o próprio Deus!

A oração não tem como objetivo principal pedir coisas a Deus nem levar Deus a fazer coisas por nós. Ainda que tenhamos pedidos específicos e urgentes que desejamos apresentar ao Senhor, o maior benefício da oração é a presença de Deus. Era isso o que Jesus buscava em seus retiros.

João Calvino dizia que a oração é o principal exercício da alma. Ela testa e fortalece a fé. Ela coloca na perspectiva correta as ansiedades da vida e o reinado absoluto de Deus.

Satanás sabe qual é o poder da oração, assim como sabe que, em nosso estado natural, não somos inclinados a orar. Ele fará de tudo para limitar o tempo que passamos na presença do Pai.

Por isso, Jesus diz que devemos vigiar e orar (Mateus 26:41). Vigiar para não cair na tentação da preguiça e do desânimo espiritual, que são armadilhas do Diabo; e orar para que nosso maior deleite esteja em Deus, e não nas propostas do Diabo.

Algumas pessoas têm vergonha de orar porque acham que não sabem orar. Talvez elas pensem que orar é falar bonito, fazer um discurso teológico que impressione Deus. Talvez, têm medo de dizer a coisa errada e ofenderem Deus.

A verdade é que *ninguém* sabe orar. O apóstolo Paulo diz:

> Da mesma forma o Espírito nos ajuda em nossa fraqueza, pois não sabemos como orar, mas o próprio Espírito intercede por nós com gemidos inexprimíveis. E aquele

PARA COMPARTILHAR

> A oração não tem como objetivo principal pedir coisas a Deus nem levar Deus a fazer coisas por nós. Ainda que tenhamos pedidos específicos e urgentes que desejamos apresentar ao Senhor, o maior benefício da oração é a presença de Deus.

> que sonda os corações conhece a intenção do Espírito, porque o Espírito intercede pelos santos de acordo com a vontade de Deus (Romanos 8:26-27).

Somos fracos porque não oramos, e quando oramos, não sabemos como orar. Talvez isso até desanime você de orar, mas Paulo coloca aí uma palavra de ânimo: "mas o próprio Espírito intercede por nós". O Espírito de Deus se move em nosso favor quando oramos. Ele nos ajuda em nossa fraqueza espiritual, e por isso a oração é o exercício da alma: o Espírito nos treina para que sejamos mais e mais fortes, tendo um coração como o de Jesus.

A oração é mais sobre o coração que ora do que sobre a boca que ora. A Bíblia nos diz que Deus está mais interessado em nosso coração do que em nossas palavras.

> "Então vocês clamarão a mim, virão orar a mim, e eu os ouvirei. Vocês me procurarão e me acharão quando me procurarem de todo o coração. Eu me deixarei ser encontrado por vocês", declara o SENHOR (Jeremias 29:13).

Veja que qualquer um que buscar a Deus irá encontrá-lo, desde que o faça *de todo o coração*. Essa é uma promessa. Ela não está dizendo que *talvez* você vá encontrá-lo, ou que um dia desses,

PARA COMPARTILHAR

> A oração é mais sobre o coração que ora do que sobre a boca que ora. A Bíblia nos diz que Deus está mais interessado em nosso coração do que em nossas palavras.

quem sabe, você irá encontrá-lo, mas que você certamente achará a Deus quando buscá-lo de todo o coração.

A condição para encontrar a Deus não é saber as palavras corretas, mas buscá-lo de todo o coração, ou seja, de forma intencional, genuína e íntima. Jesus ensina para buscarmos a Deus "em secreto", na intimidade, onde podemos ser quem realmente somos, e buscar a Deus por quem Ele realmente é.

Deus esquadrinha o nosso coração e Ele sabe quando uma oração é da boca para fora. Ele não se impressiona com palavras articuladas, com vocábulos bíblicos e jargões específicos. Ele não tem um ritual específico para você acessá-lo nem existe uma palavra mágica que fará o céu se abrir. Deus é Pai, e está disponível com a informalidade de um Pai.

Deus não está somente e necessariamente nos templos lotados ou em lugares construídos para sua adoração. Ele pode ser encontrado em lugares secretos e simples: no seu quarto, no seu escritório, no seu carro, na academia, no avião, na fila do supermercado. Ele é encontrado em qualquer lugar em que for buscado em espírito e em verdade.

Busque a Deus diariamente. Converse com Ele como com um amigo, um filho ou um irmão. Não crie formalidades para essa conversa, assim como você seria formal com alguém íntimo. Apenas abra seu coração e fale, como se Deus estivesse sentado ao seu lado.

A maioria das pessoas perde a oportunidade de descobrir e cultivar a espiritualidade pelo simples fato de não saberem como se achegar a Deus, pois o veem como alguém inatingível e, muitas vezes, rígido demais. Não restam dúvidas de que Deus é maior do que nós e está acima de qualquer um, mas isso não quer dizer que Ele seja inalcançável. Pelo contrário! Ele está mais perto do que podemos imaginar e nos ama mais do que conseguimos mensurar. Jesus nos diz que é Deus que está em busca de nós — o Pai é quem procura adoradores.

A oração é o exercício de nos entregar ao Pai. Ele está nos procurando, e na oração dizemos, como o profeta Isaías: "Eis-me aqui". A cada encontro com Deus, nosso espírito de fortifica. Ele abandona as coisas do mundo, e o amor pelas coisas do mundo, e deseja, mais e mais, a própria presença do Pai.

> Ao Senhor declaro: "Tu és o meu Senhor;
> não tenho bem nenhum além de ti".
> Senhor, tu és a minha porção e o meu cálice;
> és tu que garantes o meu futuro.
> Tu me farás conhecer a vereda da vida,
> a alegria plena da tua presença,
> eterno prazer à tua direita.
> (Salmos 16:3,5,11).

Andrew Murray foi um pastor sul-africano que escreveu muitos livros devocionais. Ele concluiu: "Ler um livro sobre oração, ouvir pregações e falar sobre oração é muito bom, mas não ensinará você a orar. Você não alcança nada sem exercício, sem prática". Pratique, portanto a oração.

PENSE COMIGO

1. O que você pediria a Deus para mudar em sua vida de oração? O que você gostaria de experimentar nesse sentido?

2. Que momentos da sua rotina estão sendo subutilizados com atividades sem importância? Escolha um ou dois para praticar a oração.

11
O DESCANSO DO ESPÍRITO

Liberdade e silêncio para a alma cansada

Como dar descanso a um espírito cansado?
No capítulo sobre o descanso do corpo, falamos acerca do sono e da importância que ele tem para equilibrar o organismo, controlando até a fome. Deus previu o descanso na própria criação, separando um período do dia (a noite) e da semana (o sábado) para proporcionar ao nosso corpo o repouso de que ele necessita.

Quando falamos sobre o descanso da mente, ressaltamos comportamentos que levam à ansiedade, como o uso excessivo das redes sociais. Precisamos separar momentos do dia para reequilibrar nosso mundo interior, olhando para as circunstâncias externas e para as emoções internas através da lente de que temos um Pai que cuida de nós.

Mas e a alma cansada? Como ela se cansa? E como ela pode descansar?

No coração do Evangelho de Mateus, encontramos uma palavra de Jesus que podemos tomar como ponto de partida para responder essas questões. Ele disse:

> Venham a mim, todos os que estão cansados e sobrecarregados, e eu lhes darei descanso. Tomem sobre vocês o meu jugo e aprendam de mim, pois sou manso e humilde de coração, e vocês encontrarão descanso para as suas almas. Pois o meu jugo é suave e o meu fardo é leve (Mateus 11:28-30).

Na época de Jesus, o jugo era uma ferramenta agrícola usada para unir dois bois para trabalharem juntos no campo, puxando o arado. Mas a palavra, naquela época, tinha também um sentido simbólico, representando obrigações e fardos pesados. No contexto judaico, o "jugo da Torá" era uma expressão que se referia ao compromisso de seguir os ensinamentos e leis de Deus expressos em sua Palavra.

Esse jugo cansava e sobrecarregava as pessoas. Não porque a obediência a Deus seja pesada, mas porque ela se torna, de fato, um peso quando é usada como meio para agradar a Deus e ser salvo.

Jamais conseguiremos chegar até Deus com nossos próprios recursos. Muitas pessoas, no entanto, creem que elas conseguirão, e se desgastam tentando impressionar Deus com seus próprios méritos ou, pior, tentando provar que não precisam de Deus para serem pessoas boas e decentes.

Pode até ser que você consiga viver de modo minimamente decente sem Deus. Mas nem você nem eu seremos santos, perfeitos e irrepreensíveis como Deus requer que sejamos, e como nós mesmos, lá no fundo, sabemos que precisamos ser. Não basta ser decente.

Quando obedecemos a Deus por *amor*, não por medo nem por obrigação, encontramos paz, e é isto que Jesus está oferecendo nesses versos de Mateus: libertação do jugo por meio do amor.

O pastor Tim Keller, em seu livro *Igreja centrada*, explica que obedecer à lei de Deus não é sinônimo de amar a Deus. Ele diz:

> Rejeitamos a Deus quando rejeitamos sua lei e vivemos como queremos. Também rejeitamos a Deus quando abraçamos e acatamos sua lei só para sermos salvos. O problema é que as pessoas deste último grupo — que rejeitam o evangelho em favor do moralismo — parecem estar tentando fazer a vontade de Deus. [...] moralismo é esquivar-se de Deus como Senhor e Salvador, criando uma justiça moral e, então, apresentando-a a Deus em um esforço de mostrar que ele "deve" algo a você.[68]

Mais adiante, ele explica o problema dessa atitude:

> Se você busca retidão com Deus por meio de sua moral e de sua religião, não está buscando a Deus para ser salvo; está usando Deus como um meio de obter a própria salvação.[69]

A origem do cansaço da alma é esse esforço brutal de alcançar algo que você nunca irá conseguir: salvação sem Deus.

A NOVA LEI

Quando Jesus convida seus ouvintes a tomarem seu jugo, Ele está propondo uma nova maneira de entender e viver essas obrigações religiosas. Sua proposta não é apenas "jogue fora esse jugo da autossalvação pela obediência". Ele propõe uma substituição: "Se livrem desse jugo e tomem o *meu* jugo".

Qual é o jugo de Cristo?

Quando Jesus falou sobre a lei de Deus, Ele resumiu os 613 mandamentos mosaicos em apenas dois: amar a Deus e ao próximo (Mateus 22:37-40). Assim, o jugo de Cristo é um chamado para viver de acordo com a lei de amor, que é a verdadeira expressão da vontade de Deus. O apóstolo Paulo coloca isso de forma clara quando escreve que "o amor é o cumprimento da Lei" (Romanos 13:10).

Nesse ponto, algumas pessoas se confundem e barateiam o evangelho por terem uma compreensão errada do amor a Deus. Amar a Deus não é ter um "sentimento" por Ele, nem mesmo tê-lo em consideração. Jesus diz que o amor que devemos a Deus deve vir "de todo o seu coração, de toda a sua alma, de todo o seu entendimento e de todas as suas forças" (Marcos 12:30). Isso envolve a tríade da existência humana em que eu baseio este livro: amar a Deus com o corpo (todas as suas forças); com a mente (todo o seu coração e todo o seu entendimento) e com o espírito (toda a sua alma).

O amor que devemos devotar a Deus é integral. Ele mobiliza tudo o que somos, cada célula, cada pensamento, cada intenção. Ele nasce do fato de que Deus nos amou primeiro (1João 4:19). O amor de Deus por nós é eterno; Ele deu a si mesmo, em Jesus Cristo, por amor a nós. Como nós não somos seres eternos, não temos como responder a Ele com um amor na mesma medida, por isso, devotamos a Deus um amor que perpassa todo o nosso ser, tudo o que somos.

Não amamos a Deus como dívida nem por medo. O amor sempre é decisão e entrega voluntárias. É impossível obrigar uma pessoa a amar outra. E quando há medo ou imposição, não há amor, pois "no amor não há medo; ao contrário o perfeito amor expulsa o medo" (1João 4:18).

PARA COMPARTILHAR

> "O amor que devemos devotar a Deus é integral. Ele mobiliza tudo o que somos, cada célula, cada pensamento, cada intenção. Ele nasce do fato de que Deus nos amou primeiro."

O jugo de Jesus é o jugo do amor. Entendemos o que Deus nos oferece e ficamos tão gratos, tão constrangidos, tão arrebatados que devolvemos a Ele todo o nosso ser em amor. E é no contexto do amor que obedecemos a Deus. Em três momentos no Evangelho de João, Jesus enfatiza isso:

> Se vocês me amam, obedecerão aos meus mandamentos (João 14:15).

> Quem tem os meus mandamentos e lhes obedece, esse é o que me ama (João 14:21).

> Se vocês obedecerem aos meus mandamentos, permanecerão no meu amor, assim como tenho obedecido aos mandamentos de meu Pai e em seu amor permaneço (João 15:10).

A lei de Jesus não requer obediência, requer amor. Mas o amor a Jesus requer obediência, pois é por meio dela que demonstramos a Deus e aos outros o compromisso que todo o nosso ser — corpo, mente e espírito — assumiu com o Senhor.

LIBERDADE LIMITADA

O cansaço espiritual tem a ver com a falta de liberdade. Fomos criados para a liberdade em Deus — "Coma livremente de qualquer árvore do jardim" (Gênesis 2:16) —, mas buscamos a liberdade sem Deus — "Quando a mulher viu que a árvore parecia agradável ao paladar, era atraente aos olhos e, além disso, desejável para dela se obter discernimento, tomou do seu fruto, comeu-o e o deu a seu marido, que comeu também" (Gênesis 3:6).

No entanto, fora de Deus não há verdadeira liberdade. O que nossos primeiros pais encontraram fora de Deus foi medo, culpa, vergonha, pecado e morte. É dentro dos limites estabelecidos por Deus que desfrutaremos de liberdade plena e descanso.

Gosto de fazer uma comparação com a lei civil. Quanto mais eu obedeço às leis municipais, estaduais e federais, mais livre eu sou como cidadã, porque se eu transgrido a lei, serei presa, e aí sim, perco minha liberdade. A mesma coisa se aplica ao cristianismo: quanto mais eu me submeto às leis daquele que me criou e conhece o fim último da minha existência, mais livre eu me torno. Quanto mais eu obedeço ao Senhor, menos eu tenho que carregar os fardos que o pecado acumula sobre mim.

Por isso Jesus não nos liberta de todo e qualquer fardo. Ele tira de nós o jugo da salvação pelas obras e tira também o jugo do pecado, mas não nos deixa soltos por aí. Como falamos anteriormente, todo ser humano está comprometido com algo. Não existe posição "neutra". Jesus nos liberta dos jugos destruidores e nos dá o jugo libertador do relacionamento com Ele e, por meio dele, com o Pai.

Ao descrever o seu jugo como "suave" e o seu fardo como "leve", Cristo destaca a natureza libertadora de seu ensino. Sua oferta promete um descanso para a alma, que vai além do mero alívio físico ou emocional. Trata-se de uma profunda paz interior que emerge da relação com Ele, baseada na confiança e no amor, e não no medo ou na obrigação.

Mas, o que realmente significa descansar em Jesus? Descansar em Jesus é aprender com Ele, absorvendo sua mansidão e humildade: "Aprendam de mim, pois sou manso e humilde de coração, e vocês encontrarão descanso para as suas almas" (Mateus 11:29). É permitir que Ele guie nossa vida, influencie nossas decisões e nos transforme de dentro para fora.

Esse tipo de descanso é ativo; envolve o engajamento com a Palavra. Permitimos e buscamos que Seus ensinamentos moldem nosso ser e nossas atitudes. Ao aceitar o jugo de Jesus, nos comprometemos com um estilo de vida que promove justiça, amor e humildade, aliviando-nos das cargas de autossuficiência e orgulho.

O jugo de Jesus, de segui-lo em amor e obediência, pode ser chamado de *discipulado*. É a vida do seguidor de Jesus. Tomar o jugo de Jesus é uma metáfora para se tornar seu discípulo, aprendendo com Ele e seguindo seus passos. O verdadeiro descanso que Jesus oferece é encontrado na renúncia do eu, na submissão a Ele, e na participação ativa em seu reino.

Pensando assim, Cristo nos convida à liberdade não somente no momento da nossa salvação. Seu chamado é: "Se alguém quiser acompanhar-me, negue-se a si mesmo, tome *diariamente* a sua cruz e siga-me" (Lucas 9:23). Tomar a cruz *diariamente* requer fazer uma escolha diária de nos livrar do jugo da autossuficiência. Envolve nos livrar, todo santo dia, "de tudo o que nos atrapalha e do pecado que nos envolve" e correr "com perseverança a corrida que nos é proposta, tendo os olhos fitos em Jesus, autor e consumador da nossa fé" (Hebreus 12:1-2).

AQUIETAI-VOS

Perceba que embora Jesus estenda seu convite a todos, não são todas as pessoas que vão encontrar descanso para a sua alma. O Senhor se dirige a "todos os que estão cansados e

PARA COMPARTILHAR

> "Descansar em Jesus é aprender com Ele, absorvendo sua mansidão e humildade. [...] É permitir que Ele guie nossa vida, influencie nossas decisões e nos transforme de dentro para fora."

sobrecarregados", mas vai encontrar alívio apenas os que seguirem a instrução: "Venham a mim".

Hoje em dia, o cansaço em nossa sociedade é praticamente crônico. Todo mundo, uma hora ou outra, se queixa da sensação de cansaço ou das situações que os deixam cansados. Mas quantos efetivamente vão até Jesus? Quantos querem trocar seus bons e velhos jugos por algo novo? Quantos querem aprender de Jesus, como Ele diz nessa mesma passagem?

Jesus não promete mágica, Ele oferece transformação, mas essa transformação requer de nós humildade. Requer reconhecer nosso cansaço e abrir mão do que achamos que podemos controlar.

O que acontece, infelizmente, é que apesar de nos sentirmos exaustos, de faltar paz em nosso espírito, achamos que as coisas ainda dependem de nós. Pensamos que é só fazer isso ou aquilo que tudo vai dar certo. Que é só uma fase, e logo vai passar. Nós não queremos submeter o controle da nossa vida ao senhorio de Cristo, não queremos que Ele nos ensine mansidão e humildade. Queremos estar no controle, mesmo quando clamamos a Deus.

Em 2018, meu marido, Maguila, foi internado com uma crise muito grave de retocolite ulcerativa. Nós morávamos nos Estados Unidos na época, mas estávamos trabalhando em Gramado, RS, quando a crise começou. Ele foi levado às pressas para Belo Horizonte, porque o pai e os irmãos dele são médicos, e ali ele ficaria muito bem assistido.

Como não tínhamos casa no Brasil, minhas filhas, que tinham 4 meses e 3 anos, ficaram na casa da minha sogra. Eu dormia no hospital.

O quarto no hospital tinha um cheiro terrível de morte. O intestino do Maguila havia parado de funcionar e tinha algumas úlceras, que sangravam. A mistura de sangue parado com fezes empesteava o quarto. O cheiro era quase insuportável, mas eu não saía do lado do meu marido nem um minuto.

Isso me cansava muito, é claro, e eu buscava me fortalecer em reuniões de oração que fazia com os meus seguidores pelas redes sociais. Todo dia eu estava online, e embora fizesse isso por mim, também pensava que minha situação e as orações pudessem fortalecer alguém que estivesse passando por algo semelhante.

Mas chegou um dia que eu desabei. Eu não conseguia mais. Como numa cena de filme, fui deslizando pela parede do hospital até cair sentada no chão, chorando. Liguei para a minha cunhada e pedi que ela ficasse com o Maguila no meu lugar, porque eu estava desfalecendo. Ela veio para passar a noite, e eu fui para a casa da minha sogra.

Lembro que, quando entrei no quarto de casa, a Estela estava dormindo no meio da cama. Ela era uma bebezinha muito gordinha, e vê-la ali, tão frágil, acabou comigo. Eu orei: "Deus, eu respeito a sua vontade. Se tiver chegado o momento de o Senhor recolher o meu marido, que o Senhor o leve. Eu lhe peço que não me deixe desamparada. Que o Senhor me dê força para criar essas meninas. Que eu consiga seguir em frente com a maternidade. Que elas não cresçam traumatizadas por não terem um pai. Mas acima de todas as coisas, Deus, se for da sua vontade, cure meu marido. Dê a ele uma segunda chance".

Ainda com essas palavras ecoando na minha boca, entrei no banheiro e me olhei no espelho. Então, uma coisa inexplicável aconteceu. Eu comecei a conversar com o meu reflexo no espelho, mas não era eu quem falava. Havia outra voz que vinha no meio dessa conversa, e ela me dizia: "Você me pede para lhe dar respostas e falar com você, mas como eu vou falar se você não se cala um minuto? Você não parou de falar nesse tempo todo. Você abre sua rede social todos os dias e ora intensamente com as pessoas, como se isso fosse resolver tudo. Mas não. Não é só a sua oração que vai resolver. Você tem que me deixar falar. Você tem que ouvir a minha direção. Fique quieta".

Fiquei paralisada. Durante dez minutos, emudeci como o profeta Zacarias, pai de João Batista. Minha língua era incapaz de se mover. Um silêncio mórbido se fez dentro daquele banheiro. Eu mal me mexia.

Então a voz falou mais uma vez: "Vá até a estante e abra aquele livro que você ganhou". Não me lembro o nome do livro, havia sido presente de um seguidor. Eu abri em uma página aleatória, e lá estava escrito: "Existem enfermidades que não são para a morte, mas para anunciar a vida".

Eu caí prostrada de joelhos, e só conseguia agradecer a Deus: "Pai, era só dessa frase que eu precisava". Aquilo acalmou meu coração e renovou as minhas forças. Voltei pro hospital depois, e o cheiro do quarto do Maguila já não me incomodava mais. É claro que ainda era triste ver meu marido, forte e atlético, deitado em uma maca, usando fralda e sonda. Mas eu tinha ouvido a voz de Deus, e isso me sustentou até o fim da internação.

Acho importante ressaltar que eu não creio nessa atitude de "versículo da sorte", que seria abrir a Bíblia em um lugar qualquer, ler um versículo e tomar aquilo como a palavra de Deus para o meu dia. Seria quase como consultar um horóscopo. Não penso que tenha sido o que aconteceu comigo, e não estou encorajando você a agir da mesma forma. Deus me orientou especificamente para um livro, que nem era a Bíblia, e falou comigo por meio dele. Quando Deus que falar conosco, Ele usa o que bem entender. O detalhe é o quanto estamos atentos à voz dele.

Muitas vezes nos cansamos por conta própria. Culpamos o mundo, a política, a doença, o trabalho, a correria, mas somos nós mesmos que vamos catando os pesos e jogando nas nossas costas. Queremos ser os salvadores de nós meses e dos outros. Não queremos ir até Jesus porque isso vai deixar claro para todos, mas especialmente para nós mesmos, que não somos os salvadores de ninguém. Que nós precisamos de salvação.

Precisamos aquietar a nossa alma, silenciar o nosso coração para ouvirmos a voz de Jesus, que nos ensina a ser manso e humilde como Ele: "Aprendam de mim, pois sou manso e humilde de coração" e então, só então, "vocês encontrarão descanso para as suas almas".

DESCANSAR EM DEUS

Quando nos aquietamos, Deus fala. Jesus ensina. Aprendemos e descansamos. Na verdade, aprendemos a descansar. Aprendemos a colocar aos pés do Pai tudo o que desejamos controlar e entendemos que nossa força está em esperar nele (Isaías 40:31).

Eu gosto muito do profeta Habacuque. Seu pequeno livro, no Antigo Testamento, tem duas orações dele, duas respostas de Deus e um cântico final. As orações de Habacuque são cheias de questionamento e debate, o que me aproxima bastante dele. Habacuque não tinha medo de expor suas angústias e vulnerabilidades diante de Deus. Mas ele também sabia ficar quieto e esperar uma resposta.

Depois que apresentou sua segunda oração a Deus, o profeta disse:

> Ficarei no meu posto de sentinela
> e tomarei posição sobre a muralha;
> aguardarei para ver o que o Senhor
> me dirá
> e que resposta terei à minha queixa
> (Habacuque 2:1).

Nos tempos antigos, torres eram erguidas sobre as muralhas de uma cidade para se fazer a proteção e a vigilância da cidade. Lá do alto, as sentinelas tinham uma boa visão da cidade e de toda a região vizinha. Se um inimigo se aproximasse, a sentinela logo saberia.

Habacuque, porém, não está falando de uma torre real. Essa é uma metáfora para se referir ao próprio Deus. Ele estava angustiado, impaciente, preocupado e aflito, e diante de tantos sentimentos e confusões, Habacuque sabia que não poderia haver lugar melhor para estar do que na torre. Ela era um abrigo para o coração aflito e uma segurança para a alma. Mas era também o lugar de vigia e de atenção. Enquanto descansava na proteção de Deus, Habacuque esperava a resposta.

É assim que funciona o descanso do espírito. Confiamos no cuidado de Deus sobre nós, ao mesmo tempo que estamos atentos à sua voz.

Muitas vezes estamos agitados demais para ouvir. Quantos querem, de verdade, apenas se sentar na torre da sentinela, como Habacuque fez, e esperar? Nós oramos, falamos com as pessoas, fazemos posts nas redes sociais, participamos de reuniões, de campanhas, de retiros, de grupos, de células, de cultos... Mas não damos espaço para Deus falar.

Precisamos aprender o papel e o valor do silêncio em nosso descanso espiritual. Fazemos o oposto do que Jesus nos alertou:

> E quando orarem, não fiquem sempre repetindo a mesma coisa, como fazem os pagãos. Eles pensam que por muito falarem serão ouvidos (Mateus 6:7-8).

PARA COMPARTILHAR

"Nós oramos, falamos com as pessoas, fazemos posts nas redes sociais, participamos de reuniões, de campanhas, de retiros, de grupos, de células, de cultos... Mas não damos espaço para Deus falar."

Achamos que são as nossas muitas orações, a nossa piedade hiperativa, que irão movimentar Deus. Mas Habacuque ensina que não. Tem o momento de orar e o momento de subir na torre e esperar a resposta.

A resposta de Deus à oração de Habacuque foi:

> O Senhor, porém,
>   está em seu santo templo;
> diante dele fique em silêncio
>   toda a terra (Habacuque 2:20).

Podemos descansar em Deus porque Ele continua inabalável. Ele está sentado no seu trono. Nada pode abalar a Deus, e Ele jamais perderá o controle da nossa vida.

PENSE COMIGO

1. Quais coisas têm sobrecarregado o seu espírito nos últimos dias?

2. Quais assuntos você sente que deve entregar ao Senhor e manter-se em silêncio, esperando?

3. Como você pode incluir na sua rotina momentos de silêncio para acalmar seu coração e criar espaço para ouvir a voz de Deus?

15

Conclusão:
O ESPÍRITO TRANSFORMADO

A transformação do nosso ser começa e termina em Jesus. Ele é onde nossos olhos devem estar.

Jesus é nosso Mestre. Ele nos ensina a vida tranquila, de humildade e a mansidão. Ele nos ensina a obediência à Palavra, que supre nossa alma. Ele é nosso modelo de vida de oração.

Mas se Jesus fosse apenas um Mestre, não teríamos nada além dos que as outras religiões oferecem. Toda religião tem seus mestres e o caminho de vida proposto por eles. O que torna o cristianismo tão único é que Jesus, além de Mestre, é Salvador. Sem a salvação que Ele nos oferece, seria impossível seguir seu exemplo e obedecer a seus mandamentos.

Não é possível ser totalmente transformado sem a salvação que Jesus nos oferece. Há, dentro de nós, forças maiores do que a da nossa boa vontade. O pecado ainda opera em nós. Apenas quando somos salvos do poder do pecado em nossa vida é que conseguiremos seguir a Jesus, obedecer a seus mandamentos, exercer domínio próprio, ter disciplina e alcançar uma vida realmente transformada

Há, porém, algo mais. Além de Mestre e Salvador, Jesus é o nosso Senhor. Jesus é Deus, e todo o temor, respeito e honra lhe são devidos. Ele se fez humano para nos levar até o Pai, para nos salvar da condição em que estávamos. Mas depois de haver concluído a sua obra, Jesus foi levado aos céus, e está assentado ao lado de Deus.

A transformação total do nosso ser consiste em submeter tudo o que somos — corpo, mente e espírito — ao senhorio de Jesus. Apresentamos a Ele nossos apetites, nossa força, nosso desânimo, nossas ansiedades, nossas doenças, nossos medos, nossa disciplina e nossa indecisão — levamos tudo, o bom e o ruim, depositamos aos seus pés e pedimos: "Vem reinar em nós. Faça de nós novas criaturas, moldadas à sua semelhança, para a glória do Pai".

Jesus é o fim último da nossa vida. Qualquer transformação que objetivarmos deve ter como fim último engrandecê-lo e honrá-lo.

Se esse é o desejo do seu coração, não desista. Ele está com você.

> Jesus é o fim último da nossa vida. Qualquer transformação que objetivarmos deve ter como fim último engrandecê-lo e honrá-lo.

Notas

[1] LOPES. *Romanos*, p. 446.
[2] KELLY. *I e II Timóteo e Tito*, p. 123.
[3] LOPES. *1Coríntios*, p. 280-282.
[4] STOTT. *A mensagem de Romanos*, p. 389.
[5] LOBSTEIN et al. World Obesity Atlas 2023.
[6] MINISTÉRIO DA SAÚDE. O impacto da obesidade.
[7] PELLERANO. *Embalados e prontos para comer*, p. 10.
[8] ICICT/FIOCRUZ. Obesidade em crianças e jovens cresce no Brasil na pandemia.
[9] LOPES. *Gênesis*, p. 54.
[10] O Antigo Testamento foi escrito originalmente em hebraico. Por isso, de vez em quando, vou me referir aos termos em hebraico para explorar o significado de alguns conceitos bíblicos.
[11] v. "chayah". BibleHub. Disponível em https://biblehub.com/hebrew/2421.htm. Acesso em: 4 mar. 2024.
[12] DI LIEGRO et al. Physical Activity and Brain Health.
[13] DI LIEGRO et al. Physical Activity and Brain Health.
[14] UMANE. Transtornos de ansiedade e depressão: um chamado à ação na saúde mental no Brasil.
[15] DE SOUZA; MACHADO-DE-SOUSA. Brazil: world leader in anxiety and depression rates.
[16] ANAMT. Transtorno mental é a 3ª causa de afastamentos de trabalho.
[17] BASSO. 60% dos brasileiros não fazem atividade física, diz estudo.
[18] SCHUCH; VANCAMPFORT. Physical activity, exercise, and mental disorders: it is time to move on.
[19] SEVERINSEN; PEDERSEN. Muscle–Organ Crosstalk: The Emerging Roles of Myokines.
[20] ZIEGLER. Força e massa muscular podem ajudar a prever tempo de internação por covid-19.

[21] DI LIEGRO et al. *Physical Activity and Brain Health*.
[22] KIDNER. *Gênesis*, p. 50.
[23] CHAMPLIN. *O Antigo Testamento interpretado*, p. 36.
[24] BOICE, James Montgomery. *Genesis*. v. 1. Michigan: Baker Books, 1998. p. 103. apud LOPES. *Gênesis*, p. 79.
[25] MORRISON et al. *Sleep, circadian biology and skeletal muscle interactions: Implications for metabolic health*.
[26] STICH et al. *The Potential Role of Sleep in Promoting a Healthy Body Composition*.
[27] UENO. Atividades fora da rotina podem desregular o ritmo circadiano.
[28] CHAPUT et al. The role of insufficient sleep and circadian misalignment in obesity.
[29] DE CABO; MATTSON. *Effects of Intermittent Fasting on Health, Aging, and Disease*.
[30] STICH et al. The Potential Role of Sleep in Promoting a Healthy Body Composition.
[31] VIGILANTES DO SONO. *De quanto sono você precisa? O mito das 8 horas*.
[32] UENO. Atividades fora da rotina podem desregular o ritmo circadiano.
[33] FREIRE. Estudo compara padrões do sono em casas com e sem luz elétrica.
[34] ROPKE et al. Efeito da atividade física na qualidade do sono e qualidade de vida.
[35] KREDLOW et al. *The effects of physical activity on sleep*.
[36] CHAMPLIN. *O Antigo Testamento interpretado*, p. 32.
[37] CHAMPLIN. *O Antigo Testamento interpretado*, p. 32.
[38] LOPES. *Gênesis*, p. 74.
[39] KELLER. Wisdom: How To Live It.
[40] KIDNER. *Provérbios*, p. 66.
[41] BOSELIE; PETERS. *Shifting the perspective*.
[42] LOPES. *Gênesis*, p. 220-221.
[43] KELLER, Tim. Self-Control (Part 1). Sermão em áudio. *Gospel in Life*, 1990 Disponível em: https://gospelinlife.com/sermon/self-control/. Acesso em: 28 mar. 2024.
[44] KELLER. *Self-Control* (Part 2).
[45] KELLER, Tim. *Deuses falsos: eles prometem sexo, poder e dinheiro, mas é disso que você precisa?* Trad. Érika Koblitz Essinger. Rio de Janeiro: Thomas Nelson Brasil, 2010. p. 9-21.
[46] LOPES. *Romanos*, p. 401.
[47] LOPES. *Romanos*, p. 401.
[48] MONCRIEFF; FLETCHER. *Tiredness*.
[49] CNN BRASIL. Cansaço mental.

[50] CNN BRASIL. Mais de 26% dos brasileiros têm diagnóstico de ansiedade, diz estudo.
[51] PEREIRA, Vitor. Brasil é o 2º país que mais busca por ansiedade na internet, atrás apenas da Ucrânia.
[52] KEMP. Digital 2022: Brazil.
[53] PROGRAMA SE CUIDA. Metade dos brasileiros já teve contato com o esgotamento mental, diz pesquisa Datafolha.
[54] POSSA. Brasileiro fica conectado mais de 5h por dia e é o 2º no ranking global.
[55] VIDA SAUDÁVEL. Hiperconectividade, excesso de informações e saúde mental.
[56] BRATMAN et al. *Nature experience reduces rumination and subgenual prefrontal cortex activation.*
[57] LEWIS. *Cristianismo puro e simples*, p. 183.
[58] LOPES. *Gênesis*, p. 86.
[59] LOPES. *Gênesis*, p. 86.
[60] MACDONALD. *How spirituality and religion impact patient outcomes.*
[61] KELLY. *I e II Timóteo e Tito*, p. 65.
[62] LOPES. *Mateus*, p. 109.
[63] CHAMPLIN. *O Antigo Testamento interpretado*, p. 25.
[64] LOPES. *Gênesis*, p. 58.
[65] LOPES. *Gênesis*, p. 58.
[66] CARSON. *O comentário de João*, p. 198.
[67] CARSON. *O comentário de João*, p. 195.
[68] KELLER. *Igreja centrada*, p. 75.
[69] KELLER. *Igreja centrada*, p. 76.

Referências bibliográficas

ANAMT. Transtorno mental é a 3ª causa de afastamentos de trabalho. ANAMT, 2017. Disponível em: https://www.anamt.org.br/portal/2017/10/26/transtorno-mental-e-a-3a-causa-de-afastamentos-de-trabalho/. Acesso em: 5 mar. 2024.

BASSO, Gustavo. 60% dos brasileiros não fazem atividade física, diz estudo. Deutsche Welle, 2023. Disponível em: https://www.dw.com/pt-br/60-dos-brasileiros-n%C3%A3o-fazem-atividade-f%C3%ADsica-diz-estudo/a-66503163. Acesso em: 5 mar. 2024.

BOSELIE, Jantine J. L. M.; PETERS, Madelon L. Shifting the perspective: how positive thinking can help diminish the negative effects of pain. *Scandinavian Journal of Pain*, v. 23, n. 3, 2023, p. 452-463. Disponível em: https://doi.org/10.1515/sjpain-2022-0129. Acesso em:27 mar. 2024.

BRATMAN, Gregory N *et al*. Nature experience reduces rumination and subgenual prefrontal cortex activation. *Proceedings of the National Academy of Sciences of the United States of America*. v. 112, n. 28, 2015, p. 8567-8572. Disponível em < https://www.ncbi.nlm.nih.gov/pmc/articles/PMC4507237/. Acesso em: 17 abr. 2024.

CARSON, Donald A. *O comentário de João*. São Paulo: Shedd, 2007.

CHAMPLIN, Russell N. *O Antigo Testamento interpretado:* versículo por versículo. v. 1. São Paulo: Hagnos, 2017.

CHAPUT, J. P.; MCHILL, A. W.; COX, R. C. *et al*. The role of insufficient sleep and circadian misalignment in obesity. *Nat Rev Endocrinol*, v. 19, 2023. Disponível em: https://doi.org/10.1038/s41574-022-00747-7. Acesso em: 8 mar. 2024.

CNN BRASIL. Cansaço mental: principais sinais e quando pode se tornar um problema. CNN Brasil, 2023. Disponível em: https://www.cnnbrasil.com.br/saude/correspondente-medico-quais-os-riscos-do-esgotamento-mental-a-saude/. Acesso em: 10 abr. 2024.

_____. Mais de 26% dos brasileiros têm diagnóstico de ansiedade, diz estudo. CNN Brasil, 2023. Disponível em: https://www.cnnbrasil.com.br/saude/mais-de-26-dos-brasileiros-tem-diagnostico-de-ansiedade-diz-estudo/. Acesso em: 11 abr. 2024.

DE CABO, Rafael; MATTSON, Mark P. Effects of Intermittent Fasting on Health, Aging, and Disease. *The New England Journal of Medicine*. V. 381, 2019. Disponível em: https://www.nejm.org/doi/full/10.1056/nejmra1905136. Acesso em: 11 mar. 2024.

DE SOUZA, I. M.; MACHADO-DE-SOUSA, J. P. Brazil: world leader in anxiety and depression rates. *Brazilian Journal of Psychiatry*, v. 39, n. 4, 2017. Disponível em: https://doi.org/10.1590/1516-4446-2017-2300. Acesso em: 5 mar. 2024.

DI LIEGRO, C. M.; SCHIERA, G.; PROIA, P.; DI LIEGRO, I. Physical Activity and Brain Health. *Genes*, v. 10, n. 720, 2019. Disponível em: https://doi.org/10.3390/genes10090720. Acesso em: 5 mar. 2024.

FREIRE, Diego. Estudo compara padrões do sono em casas com e sem luz elétrica. Agência FAPESP, 2015. Disponível em: https://agencia.fapesp.br/estudo-compara-padroes-do-sono-em-casas-com-e-sem-luz-eletrica/21936. Acesso em: 12 mar. 2024.

ICICT/FIOCRUZ. Obesidade em crianças e jovens cresce no Brasil na pandemia. Fiocruz, 22 nov. 2023. Disponível em: https://portal.fiocruz.br/noticia/obesidade-em-criancas-e-jovens-cresce-no-brasil-na-pandemia. Acesso em: 15 fev. 2024.

HAN, Byung-Chul. *Sociedade do cansaço*. São Paulo: Vozes, 2015.

KELLER, Tim. *Igreja centrada*. São Paulo: Vida Nova, 2014.

_____. Self-Control (Part 2). Sermão em áudio. Gospel in Life, 1990. Disponível em: https://gospelinlife.com/sermon/self-control-part-2/. Acesso em: 28 mar. 2024.

_____. Wisdom: How To Live It. Sermão em áudio. Gospel in Life, 2013. Disponível em: https://gospelinlife.com/sermon/wisdom-how-to-live-it/. Acesso em:14 mar. 2024.

KELLY, J. N. D. *I e II Timóteo e Tito*: introdução e comentário. São Paulo: Vida Nova; Mundo Cristão, 1991.

KEMP, Simon. Digital 2022: Brazil. DataReportal, 2022. Disponível em <https://datareportal.com/reports/digital-2022-brazil>. Acesso em: 17 abr. 2024.

KIDNER, Derek. *Gênesis*: introdução e comentário. São Paulo: Vida Nova; Mundo Cristão, 1991.

_____. *Provérbios*: introdução e comentário. São Paulo: Vida Nova; Mundo Cristão, 1992.

KREDLOW, M. A.; CAPOZZOLI, M. C.; HEARON, B. A.; CALKINS, A. W.; OTTO, M. W. The effects of physical activity on sleep: a meta-analytic review. *Journal of behavioral medicine*, v. 38, n. 3, 2015. Disponível em: https://doi.org/10.1007/s10865-015-9617-6. Acesso em: 1 mar. 2024.

LEWIS, C. S. *Cristianismo puro e simples*. Rio de Janeiro: Thomas Nelson Brasil.

LOBSTEIN, Tim; JACKSON-LEACH, Rachel; POWIS, Jaynaide; BRINSDEN, Hannah; GRAY, Maggie. *World Obesity Atlas 2023*. Londres: World Obesity Federation, 2023. Disponível em: https://www.worldobesity.org/resources/resource-library/world-obesity-atlas-2023. Acesso em: 15 fev. 2024.

LOPES, Hernandes Dias. *1 Coríntios*: como resolver conflitos na igreja. São Paulo, Hagnos, 2008.

_____. *Gênesis*: o livro das origens São Paulo: Hagnos, 2021.

_____. *Mateus*: Jesus, o Rei dos reis. São Paulo: Hagnos, 2019.

_____. *Romanos*: o evangelho segundo Paulo. São Paulo: Hagnos, 2010.

MACDONALD, Ilene. How spirituality and religion impact patient outcomes. Fierce Healthcare, 2015. Disponível em: www.fiercehealthcare.com/healthcare/

how-spirituality-and-religion-impact-patient-outcomes. Acesso em: 22 abr. 2024.

MINISTÉRIO DA SAÚDE. O impacto da obesidade. Gov.br, 7 jun. 2022. Disponível em: https://www.gov.br/saude/pt-br/assuntos/saude-brasil/eu-quero-ter-peso-saudavel/noticias/2022/o-impacto-da-obesidade. Acesso em: 15 fev. 2024.

MONCRIEFF, George; FLETCHER, John. Tiredness. *BMJ.* v. 334, n. 7605, 2007. p. 1221. Disponível em: https://www.bmj.com/content/334/7605/1221. Acesso em: 11 abr. 2024.

MORRISON, Matthew; HALSON, Shona L.; WEAKLEY, Jonathon; HAWLEY, John A. Sleep, circadian biology and skeletal muscle interactions: Implications for metabolic health. *Sleep Medicine Reviews* v. 66, 2022. Disponível em: https://doi.org/10.1016/j.smrv.2022.101700. Acesso em: 11 mar. 2024.

PELLERANO, Joana A. *Embalados e prontos para comer:* relações de consumo e incorporação de alimentos industrializados. 2014. 128 f. Dissertação (Mestrado em Ciências Sociais) - Pontifícia Universidade Católica de São Paulo, São Paulo, 2014.

PEREIRA, Vitor. Brasil é o 2º país que mais busca por ansiedade na internet, atrás apenas da Ucrânia. Folha de S.Paulo, 2023. Disponível em: https://www1.folha.uol.com.br/equilibrio/2023/10/brasil-e-o-2o-pais-que-mais-procura-sobre-ansiedade-atras-apenas-da-ucrania.shtml. Acesso em: 11 abr. 2024.

POSSA, Julia. Brasileiro fica conectado mais de 5h por dia e é o 2º no ranking global. Giz_br, 2023. Disponível em: https://gizmodo.uol.com.br/brasileiro-fica-conectado-mais-de-5h-por-dia-e-e-o-2o-no-ranking-global/. Acesso em: 8 abr. 2024.

PROGRAMA SE CUIDA. Metade dos brasileiros já teve contato com o esgotamento mental, diz pesquisa Datafolha. Se cuida, 2023. Disponível em: https://programasecuida.com.br/blog/metade-dos-brasileiros-ja-teve-contato-com-esgotamento-mental. Acesso em: 8 abr. 2024.

ROPKE, L. M.; SOUZA, A. G.; BERTOZ, A. P. de M.; ADRIAZOLA, M. M.; ORTOLAN, E. V. P.; MARTINS, R. H.; LOPES, W. C.; RODRIGUES, C. D. B.; BIGLIAZZI, R.; WEBER, S. A. T. Efeito da atividade física na qualidade do sono e qualidade de vida: revisão sistematizada. *Archives of Health Investigation.* v. 6, n. 12, 2017. Disponível em: https://doi.org/10.21270/archi.v6i12.2258. Acesso em: 1 mar. 2024.

SCHUCH, Felipe Barreto; VANCAMPFORT, Davy. Physical activity, exercise, and mental disorders: it is time to move on. *Trends in Psychiatry and Psychotherapy*, v. 43, n. 3, 2021 Disponível em: https://doi.org/10.47626/2237-6089-2021-0237. Acesso em: 5 mar. 2024.

SEVERINSEN, Mai Charlotte Krogh; PEDERSEN, Bente Klarlund. Muscle–Organ Crosstalk: The Emerging Roles of Myokines. *Endocrine Reviews*, v. 41, n. 4, 2020. Disponível em: https://doi.org/10.1210/endrev/bnaa016. Acesso em: 6 mar. 2024.

STICH, Fabia M.; HUWILER, Stephanie; D'HULST, Gommaar; LUSTENBERGER, Caroline. The Potential Role of Sleep in Promoting a Healthy Body Composition: Underlying Mechanisms Determining Muscle, Fat, and Bone Mass and Their Association with Sleep. *Neuroendocrinology*, v. 112, n. ,1 2022. Disponível em: https://doi.org/10.1159/000518691. Acesso em: 12 mar. 2024.

STOTT, John. *A mensagem de Romanos.* São Paulo: ABU, s.d.

UENO, Alessandra. Atividades fora da rotina podem desregular o ritmo circadiano. Jornal da USP, 28 jun. 2023. Disponível em: https://jornal.usp.br/atualidades/atividades-fora-da-rotina-podem-desregular-o-ritmo-circadiano/. Acesso em: 1 mar. 2024.

UMANE. Transtornos de ansiedade e depressão: um chamado à ação na saúde mental no Brasil. UMANE, 2024. Disponível em: https://biblioteca.observatoriodaaps.com.br/transtornos-de-ansiedade-e-depressao-um-chamado-a-acao-na-saude-mental-no-brasil/. Acesso em: 6 mar. 2024.

VIDA SAUDÁVEL. Hiperconectividade, excesso de informações e saúde mental. Vida Saudável, 2023. Disponível em: https://vidasaudavel.einstein.br/hiperconectividade-excesso-de-informacoes-e-saude-mental/. Acesso em: 8 abr. 2024.

VIGILANTES DO SONO. De quanto sono você precisa? O mito das 8 horas. Disponível em: https://www.vigilantesdosono.com/artigo/quanto-sono-voce-precisa/. Acesso em: 12 mar. 2024.

ZIEGLER, Maria Fernanda. Força e massa muscular podem ajudar a prever tempo de internação por covid-19. Jornal da USP, 2021. Disponível em: https://jornal.usp.br/?p=405385. Acesso em: 6 mar. 2024.

Sua opinião é importante para nós.
Por gentileza, envie-nos seus comentários pelo e-mail:

editorial@hagnos.com.br

Visite nosso site:

www.hagnos.com.br